AF340931

LES

MONUMENS RELIGIEUX.

LES
MONUMENS RELIGIEUX,

OU

DESCRIPTION

CRITIQUE ET DÉTAILLÉE

Des Monumens Religieux, Tableaux et Statues des Grands Maîtres ; Gravures sur pierres et sur métaux, Ouvrages d'Orfévrerie, Églises de toutes les Sectes de la Religion chrétienne, Tombeaux, Monastères, Cimetières, Grottes, Hermitages remarquables, etc., qui se trouvent maintenant en Europe et dans les autres parties du monde.

OUVRAGE

Fait pour les jeunes Artistes, pour les Voyageurs, et pour servir à l'Éducation de la Jeunesse.

PAR MADAME DE GENLIS.

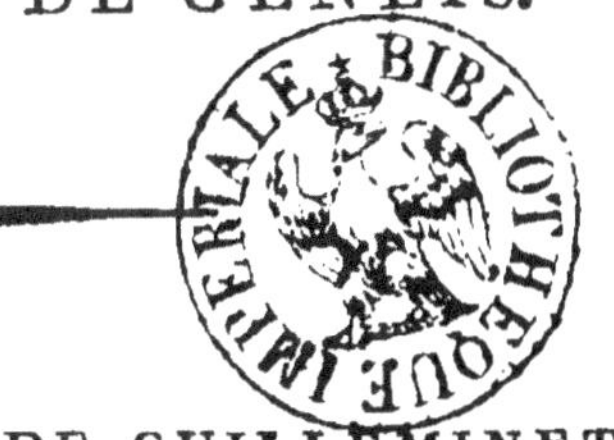

DE L'IMPRIMERIE DE GUILLEMINET.

A PARIS,

Chez **MARADAN**, Libraire, rue des Grands Augustins, n° 29, vis-à-vis celle du Pont de Lodi.

AN XIII — 1805.

ÉPITRE DÉDICATOIRE.

Ma chère tante,

Sous le rapport des sentimens religieux, et sous celui du goût le plus éclairé pour les arts, quel suffrage pourrait avoir plus de poids que le vôtre ! Si vous daignez l'accorder à cet Ouvrage, mon cœur et mon amour-propre seront également satisfaits. C'est à celle dont le pinceau fidèle et sûr semble créer ce qu'il imite, et multiplier les plus charmantes productions de la nature ; c'est à celle qui a cultivé avec le même succès tant d'autres talens, qu'il appartient de prononcer sur les ouvrages de l'art et sur les jugemens qu'on en porte.

Quand on songe à vos talens, ma chère tante, *on peut craindre la sévérité de votre goût ; mais quand on se rappelle votre bonté, comment ne pas compter sur votre indulgence ? comment ne pas se flatter,* MA CHÈRE TANTE, *que vous recevrez avec bienveillance l'hommage de l'admiration et de l'attachement le plus tendre et le plus respectueux ?*

PRÉFACE.

Ce livre n'est point un ouvrage sur la religion ; ses ministres les plus éclairés et les plus fidèles sont rentrés dans leur patrie ; c'est à eux qu'il appartient de nous instruire, par leurs exemples, leurs exhortations et leurs écrits. Cet ouvrage n'a rapport qu'à la partie la plus intéressante des beaux arts, dont on a tâché de donner une idée générale dans cet abrégé. Cet ouvrage est très-imparfait ; je n'ai pu avoir de détails sur les collections de tableaux de Russie, de Vienne et de Malte (1). Quant à la Russie, presque tous les tableaux du palais impérial de Pétersbourg ont été achetés en France, dans les ventes de cabinets célèbres, et l'on a rendu compte des chefs-d'œuvres exposés dans ces ventes, qui ont passé dans les pays étrangers.

J'ai vu presque tous les monumens et les

(1) On sait seulement que les plus beaux tableaux du Calabrèse sont à Malte, dans l'église cathédrale de Saint-Jean.

tableaux dont je donne la description ; je n'en parle, en général, que d'après le jugement des plus grands artistes : cependant j'ai souvent osé donner mon avis particulier, mais seulement sur des choses dont tout le monde peut juger avec du bon sens et quelques connaissances superficielles des beaux arts. Quoique j'aie fait le voyage d'Italie, celui de M. de Lalande (1) m'a beaucoup servi ; je l'avais emporté en Italie, avec ceux de MM. Cochin et Richard ; j'ai vu tous les lieux que ces voyageurs ont parcourus, et j'ai trouvé le voyage de M. de Lalande le plus exact, le plus impartial et le plus instructif de tous. L'auteur y parle toujours avec respect du souverain pontife et de la religion (du moins dans la première édition, la seule que je connaisse) ; il donne de l'Italie une idée juste et parfaite ; c'est pour ce voyage le meilleur guide que l'on puisse prendre : d'ailleurs les savans y trouveront, sur l'astronomie et sur les sciences,

---

(1) M. de Lalande a fait ce voyage après M. Cochin, et il rapporte les jugemens les plus importans de ce célèbre artiste, sur les plus beaux tableaux de l'Italie.

des détails et des observations que nul autre, sans doute, ne pouvait mieux faire, et que mon ignorance ne me permet pas d'apprécier. En parlant de l'Italie, j'ai rendu compte de tous les tableaux remarquables qu'elle possédait jadis, et de ceux qui lui restent encore, et je n'ai donné qu'un détail très-superficiel du Musée de Paris, non seulement parce que j'avais déjà parlé de ses tableaux les plus célèbres qui viennent d'Italie, mais aussi parce que ce livre étant fait sur-tout pour la France, ce détail était inutile, puisque nous avons les descriptions les plus exactes de cette admirable collection.

Il résulte de cet ouvrage, par la simple exposition des faits, que les protecteurs des beaux arts les plus persévérans, les plus éclairés et les plus utiles, ont été les papes et des ecclésiastiques; et cette vérité eût été mieux démontrée encore, si l'on eût donné plus de développement à cet ouvrage, qui n'est qu'une esquisse très-imparfaite, auquel on compte joindre, par la suite, un supplément. Quand on a un peu lu, qu'on a voyagé, et qu'on est capable de quelque réflexion, on ne revient pas de sa surprise, en songeant aux déclamations des écrivains du dernier siècle, sur l'*ignorance*, l'*inutilité*, *la paresse honteuse* des prêtres. Il y avait deux manières principales de déclamer contre eux : dans l'une, on ne faisait mention que du haut clergé, des cardinaux, des archevêques, des évêques (1); on ne parlait alors que de leur fortune, comme s'il n'eût pas existé un seul ecclésiastique pauvre dans l'état, et comme si toutes les autres classes, dépouillées, dévorées par les prêtres, eussent été réduites au dernier degré

---

(1) Et l'on se gardait bien de rendre justice à ceux dont les vertus honoraient l'épiscopat, quoiqu'ils formassent néanmoins le plus grand nombre. Il n'existe pas une classe, une profession, un état, où l'on ait vu autant de régularité, de bienfaisance et de vertus, que l'on en voyait parmi les ecclésiastiques. Quels sont les grands seigneurs qui ont fait autant de bien dans leurs terres qu'en ont fait dans leurs diocèses les Bossuet, les Fénélon, les Massillon, etc., et de nos jours l'évêque de Soissons, le saint archevêque de Paris, M. de Beaumont, le vertueux évêque de Nîmes, qui établit dans son diocèse tant de manufactures, fit réparer à ses frais tant de grandes routes, et détruisit entièrement la mendicité dans toute l'étendue de sa domination. On pourrait citer, de ces prélats respectables, tant d'autres exemples de ce genre !

de la misère. L'autre manière était précisé-
ment le contraire de celle-ci; et, ce qu'il y a
de singulier , c'est qu'elle produisait autant
d'effet : elle consistait à ne parler que des
moines mendians, comme si l'on eût ignoré
qu'il y avait d'autres ordres religieux ; ce
qui donnait lieu aux moqueries les plus
insultantes sur cette pauvreté volontaire.
Ces religieux n'ont sans doute pas été aussi
utiles que les hospitaliers, les missionnaires, les trinitaires (1), les religieux qui se
consacraient à l'éducation de la jeunesse,
les savans bénédictins et les oratoriens, qui
ont rendu tant de services aux sciences et
aux lettres; mais, avant qu'on les eût tournés
en ridicule, ils ranimaient la piété dans les
campagnes, ils y entretenaient une sainte
hospitalité, et le paysan, qui les recevait
sous son toit de chaume, se consolait de sa
misère, en admirant leur pauvreté volontaire. Hélas ! au milieu de cette foule d'in-
dividus qui s'agitent , se tourmentent et se
déshonorent pour acquérir de l'argent, n'é-
tait-ce pas un bien que le peuple eût quel-

____

(1) Institués pour racheter les captifs chrétiens.

quefois cet exemple sous les yeux, qu'il vît des hommes qui s'étaient interdit sans retour tout ce qui excite l'envie de tant d'autres, qu'il connût que l'on peut être heureux, honoré avec une pauvreté complète, quand elle est unie à la piété et aux vertus que la religion prescrit? Avec quel fruit ces enfans de la Providence, qui n'avaient ni pensions, ni rentes, prêchaient dans les campagnes! C'était à eux sur-tout qu'il appartenait d'exhorter le pauvre à la patience, à la résignation, à la confiance en la bonté divine! Quelle autorité n'avait pas dans leur bouche la censure de l'ambition, de l'avarice et de la cupidité!.... Enfin, on sait combien ces religieux étaient zélés citoyens, et avec quel courage, dans les incendies et dans toutes les autres calamités publiques, ils exposaient leurs jours pour sauver la vie ou les propriétés de ceux qui les appelaient à leur aide, ou qu'ils allaient secourir de leur propre mouvement.

Était-ce donc une chose qui ne dût inspirer que le dédain et des sarcasmes, de voir un homme vêtu d'une bure grossière, et ne possédant qu'un havresac, accueilli dans les châteaux, reçu avec joie et vénération dans les chaumières? Pourquoi? parce qu'il était pieux, désintéressé, et qu'il ne parlait que de Dieu et de la vertu. Ce respect touchant pour la religion et pour la morale, était-il donc ridicule ou pernicieux?.... Devons-nous beaucoup de reconnaissance aux écrivains qui ont anéanti de tels sentimens? Ceux qui ont passé cinquante ans répondront parfaitement à cette question, en se rappelant ce qu'était le peuple des campagnes et des villes il y a quarante ans, et en le comparant à celui d'aujourd'hui. Au reste, les malheureux écrivains qui ont eu sur les mœurs une si funeste influence, n'existent plus, et il n'en est point maintenant qui fût tenté d'adopter de semblables maximes, en supposant même qu'ils vécussent sous un gouvernement moins sage et moins attentif à réprimer tout ce qui peut porter atteinte aux mœurs ou troubler la tranquillité publique. On peut à présent, sans offenser personne, condamner une licence et des principes dont tout le monde, sans exception, reconnaît enfin le danger. Les talens des chefs de la philosophie moderne ont eu et doivent avoir des partisans ; mais les philosophes n'ont plus de disciples : ainsi l'on ne doit plus désormais regarder les critiques comme l'effet d'une animosité secrète. C'est une vérité que j'aime à reconnaître, en donnant un ouvrage que je trouve moi-même très-incomplet, et auquel l'affaiblissement extrême de ma santé (depuis trois mois sur-tout) ne m'a pas permis de donner les soins et l'application nécessaires. L'amour-propre d'auteur s'accommode assez de l'idée que l'*esprit de parti* seul peut causer l'improbation : cependant il se trouve toujours assez de défauts dans un ouvrage même estimable , pour fournir des observations sévères à la critique. Le meilleur parti est de les recevoir avec calme, et d'en profiter ; ce qui est impossible, quand on veut absolument n'y voir que des motifs particuliers et une partialité révoltante. Pour l'intérêt de la littérature, il est temps enfin de rendre à la critique ses droits et son empire : elle est nulle dans les temps de troubles et de factions ; mais, lorsque le gouvernement est affermi, elle doit reprendre son autorité salutaire. Cette époque heureuse est arrivée. Ne parlons donc plus d'esprit de parti; il est affreux de supposer la haine où elle n'est pas : ne voyons plus dans les critiques faites avec décence, que des opinions littéraires; c'est le seul moyen de redonner aux lettres l'éclat qu'elles ont perdu, et c'est un hommage que l'on doit rendre au gouvernement qui a rétabli en France la religion et la tranquillité.

ERRATA.

Page 7 , ligne 18 , dans son beau tableau de la mort d'Holopherne , *lisez :* Paul Véronèse , dans son beau tableau de la mort d'Holopherne , a su exprimer.

Page 35 , ligne 4 , Pie XIV, *lisez :* Pie IV.

Page 48 , dernier mot de la ligne 28 , dans , *lisez :* dont.

Page 88 , ligne 6 , ami du pape, *lisez :* ami de Pope.

Page 99 , ligne 9 , la salymanie , *lisez :* solymanie.

Page 100 , ligne 10 , d'Herpino , *lisez :* d'Harpino.

Page 132 , ligne 25 , depuis la révolution , supprimez ces trois mots.

Page 178 , ligne 23 , palais Rospigliori , *lisez* : Rospigliosi. (1)

---

(1) C'est par une distraction de l'auteur, en corrigeant ses épreuves, que l'on a pris dans cet ouvrage l'ortographe de Voltaire, au lieu de l'ortographe de l'académie.

MONUMENS
RELIGIEUX.

CHAPITRE PREMIER.

RÉFLEXIONS PRÉLIMINAIRES, ET DESSEIN DE L'AUTEUR.

On a beaucoup dit, depuis cinquante ans, que le christianisme est *une religion triste, peu favorable aux beaux-arts*, et que les poètes et les artistes ne peuvent trouver que dans la mythologie des sujets heureux et brillans. *Les beautés poétiques du christianisme* ont été décrites avec autant de génie que de succès. Ce bel ouvrage a pleinement vengé la religion à cet égard; mais les esprits capables de réfléchir ont peine à concevoir qu'une telle apologie pût être aussi nécessaire quand nous possédions *Athalie*, *Polyeucte*, *Esther*, les *Poésies sacrées* de J.-B. Rousseau, et quand Milton et le Tasse avaient donné à l'Europe *le Paradis perdu* et la *Jérusalem délivrée*.

Comment peut-on dire que la religion chrétienne est peu favorable aux beaux arts, lorsque les seuls chefs-d'œuvres produits par la peinture, l'architecture (1) et la sculpture moderne, ou sont consacrés à la religion, ou présentent des sujets tirés des Saintes Écritures? Mais c'est, au contraire, de la mythologie qu'on peut dire avec vérité, qu'en général rien n'est moins *riant* que ses fables, que rien n'est moins *favorable aux arts* que tous ces êtres affreux et fantastiques, tous ces monstres que l'antique sculpture nous présente : l'hydre de Lerne, les oiseaux horribles du lac Stymphale, Échidna, (2) Égis, Cerbère, Orthrus, le Sphinx, le Minotaure, la Chimère, Argus, avec ses cent yeux, les Harpies, les Grées (3), les Gorgones, les Titans, les monstres appelés *actorides* ou *molionides*, qui naissaient avec deux têtes, quatre bras et huit jambes; les Centaures, les Lapithes, les féroces Lestrigons, etc., tant de divinités si infâmes, qu'il est impossible de les désigner, tant d'autres d'une forme ridicule ou d'un aspect épouvantable, telles que Bellone, la Discorde, Némésis, les Furies, les Parques, Méduse, la triple Hécate, ayant trois têtes, l'une de femme, les deux autres de chien et de cheval; Formido ou la Terreur, représentée sous la figure d'une femme avec une tête de lion ; le dieu Anubis, avec sa tête de chien; le difforme

---

(1) A l'exception de la colonnade du Louvre.
(2) Monstre, mère de tous les autres monstres.
(3) Qui n'avaient entre elles trois qu'un œil et qu'une dent.

Vulcain; Pan, avec ses cornes, ses pieds de bouc et son estomac parsemé d'étoiles; les Satyres, les Sirènes, les Tritons, moitié hommes et moitié poissons; les Pygmées, la Renommée, monstre ailé, d'une taille gigantesque, ayant autant d'yeux, d'oreilles, de bouches et de langues, que de plumes sur tout son corps. Comme on l'a déjà dit, la plus grande partie des fictions de la mythologie n'est assurément pas d'un genre gracieux; Marsyas écorché, OEdipe s'arrachant les yeux, Jocaste s'étranglant, les deux frères Étéocle et Polynice s'ôtant mutuellement la vie, les fureurs d'Achille, Actéon déchiré par ses chiens, les Bacchantes égorgeant Orphée, Prométhée attaché sur le mont Caucase, pour y souffrir un supplice effroyable; Polyphème écrasant le jeune Acis avec un fragment de rocher, ou dévorant les compagnons d'Ulysse; Hercule furieux, massacrant ses enfans; Pyrrhus, immolant Polixène; l'innocent Astyanax, précipité du haut d'une tour; Apollon et Diane, tuant à coups de flèches les enfans de Niobé; Clytemnestre, assassinant Agamemnon; Oreste, poignardant sa mère; les Danaïdes, tuant leurs maris; les Lesbiennes, faisant un carnage général de tous les hommes; Dircé, attachée par les enfans de sa rivale à la queue d'un taureau indompté; (1) les vengeances atroces de Progné

____

(1) C'est le sujet du morceau de sculpture antique le plu-

et d'Atrée ; les cruautés de Phalaris, de Chro-
nis, de Busiris, de Géryon , . de Bergion, de
Cacus, de Saurus, de Cercyon, de Scyron, de
Diomède , (1) de Procuste, etc. ; Agavé , dans
son ivresse, tuant son fils ; les filles de Pélias,
faisant bouillir leur père dans une chaudière
pour le rajeunir ; l'histoire horrible de Médée,
et celles de Pélops et du parricide Alcméon ; les
crimes de Phèdre, ceux d'Harpalice, le supplice
affreux des vestales condamnées , tant d'autres
traits de ce genre , tant d'amours incestueux,
monstrueux et tragiques ; la débauche, l'injustice et la barbarie des dieux, toutes ces fables
forment une fausse religion *assez triste*, quoiqu'on ait tant vanté ses *images gracieuses*, qui,
au milieu de cet amas d'horreurs et d'absur-
dités , se réduisent à deux ou trois allégories
ingénieuses. A ne considérer dans la peinture
que le mérite dont tout le monde peut juger, celui de l'expression (le premier de tous), on conçoit qu'il faut beaucoup plus de délicatesse et de
génie pour bien rendre la sensibilité unie à la
sagesse et à la vertu, que pour exprimer seulement des sensations douces, ou des passions que
rien ne réprime. On peut, avec un talent vulgaire, faire une belle tête de Vénus et une jolie

---

considérable qui existe ; le bloc de marbre en est énorme.
Ce précieux groupe est à Rome.

(1) Ce n'est pas celui du siége de Troie.

bacchante, et Raphaël seul a su faire une tête de vierge telle que l'imagination se la représente. Il est un beau idéal *moral*, qui doit, ainsi que celui des formes, se trouver dans les chefs-d'œuvres de la peinture et de la sculpture. Les anciens, doués d'un goût exquis, l'ont senti; et c'est sur-tout à cette idée qu'ils ont dû la supériorité de talent que l'on admire dans leurs productions. C'est ainsi qu'ils ont banni de leurs ouvrages toutes les passions et tous les mouvemens désordonnés, car de tels tableaux ne méritent pas d'être offerts. Ils ont compris que la grace ne se trouve que dans les mouvemens simples, parce qu'elle est ingénue, mais qu'un intérêt vif n'est inspiré que par des mouvemens composés qui se combattent, parce que ce combat produit dans l'esprit du spectateur la surprise, l'émotion et l'admiration. Ils ont donc imaginé d'opposer le courage et l'héroïsme à la douleur, comme dans le Laocoon et dans le Gladiateur mourant; ils ont méprisé la tradition mythologique, en donnant de la pudeur à la déesse de l'amour, et la plus belle statue de Vénus (celle de Médicis) orna l'un de leurs temples; mais le seul génie des artistes créa ces beaux contrastes et ces sublimes compositions; la mythologie ne les offrait pas : au contraire, elle ne présente dans ses fables que des personnages livrés à des passions sans aucun frein, et rien n'est moins dramatique.

Si l'on veut se rappeler les chefs-d'œuvres de la sculpture et de la peinture, on verra que l'*expression* non composée dans les sujets énergiques, n'est employée que pour les personnages subalternes, parce qu'elle serait essentiellement vicieuse pour les héros de l'action représentée. La sculpture et la peinture exigent des compositions plus austères que les fictions théâtrales, parce que leurs productions immobiles n'ont rien de fugitif; ainsi dans un tableau l'expression simple et violente est à la fois insipide, révoltante et de mauvais goût. Par exemple, la seule colère n'y paraîtra qu'un délire dégoûtant, la seule fierté que de la morgue ou de l'insolence, l'amour impétueux sans contrainte n'y sera qu'une passion honteuse, le seul effroi ou la seule douleur que de la faiblesse et de la lâcheté. Hercule, livré aux derniers excès de la fureur, et massacrant ses enfans; Médée, égorgeant les siens; Ajax, insultant les dieux; Vénus se livrant sans scrupule à ses penchans, et presque toutes les fictions de la mythologie n'offrent au peintre que des expressions *non composées*, ne lui donnent que des sujets très - *défavorables aux beaux arts*. Il a fallu tout le goût et tout le génie des Grecs, et toute la beauté séduisante de leurs formes, pour suppléer à cet inconvénient, ou pour le faire excuser; mais, dans les sujets gracieux, l'expression *non composée* est toujours douce et agréable. Les modernes ont voulu donner aux trois *Graces* de la finesse et de la coquetterie ; ils les ont rendues *maniérées ;* une extrême simplicité, et même un peu de négligence, les caractérise, et les anciens peut-être ne les ont représentées nues, que dans la crainte que des artistes sans goût n'imaginassent de les parer.

- Quant à l'*expression sublime*, une longue observation m'a fait connaître qu'elle est toujours composée de divers mouvemens. On trouvera dans la figure de l'Apollon du Belvédère, la fierté tempérée par la douceur, embellie par la grace, et la joie triomphante d'un vainqueur unie à l'inaltérable sérénité d'un dieu. Rubens a fait un tableau admirable de l'accouchement de Marie de Médicis, parce que le visage de la reine exprime à la fois la douleur physique et la joie maternelle. Dans son beau tableau de la mort d'Holopherne, il a su exprimer aussi sur le visage de Judith le saisissement, l'horreur, la pitié et la joie d'un grand triomphe (1). Le beau Saint-Sébastien du Puget, percé de flèches et mourant, offre la triple expression de la douleur, de la résignation et de l'amour divin (2). On voit sur toutes les physionomies des belles Susanne du Gnide et du Corrége, l'effroi, l'étonnement, l'indignation, le dédain et la honte.

---

(1) Ce tableau est à Gènes.
(2) A Gènes.

Représenter la tête de la mère du Sauveur, était une entreprise digne d'exercer le pinceau du plus grand de tous les peintres; il fallait offrir la noblesse et la majesté d'une naissance royale, unie à l'humilité d'une sainte, et joindre à l'expression maternelle la plus touchante, l'innocence, la pudeur, et toute l'ingénuité de la plus pure de toutes les vierges. Les têtes du Rédempteur du genre humain demandent une expression plus *composée* encore, et qui doit retracer toute la sublimité de l'Évangile : on doit y voir la sagesse et la majesté divines, l'austérité de la doctrine, l'indulgence de la bonté suprême, l'autorité d'un maître tout-puissant, et la céleste douceur d'un amour paternel. Champagne, dans ses têtes de Jésus-Christ, rend admirablement ces divers caractères. On ne peut nier qu'il est mille fois plus difficile de représenter le vrai Dieu tel que l'Évangile en donne l'idée, que de représenter Jupiter aussi imposant que les païens pouvaient se le figurer. Si Jupiter est majestueux ou terrible, il est parfait. Qu'est-ce qu'un dieu qui n'a pas créé l'homme? et qu'est-ce qu'une divinité souillée de tant de crimes? Toutes les divinités de la fable sont froides en peinture, parce que chacune de leurs têtes ne pouvant avoir qu'une seule expression, ne représente que des vices ou des vertus personnifiés. Mars, en repos ou en action, est *l'audace* ou *la fureur ;* Vesta est *la chasteté ;*

Vénus *la volupté*, etc.; beaucoup d'autres n'ont aucun caractère distinctif : pour les bien peindre, il suffit de les faire belles; telles sont Junon, l'Aurore, Thétis, Cérès, Flore, etc. L'Amour est la seule des divinités païennes dont le visage doive offrir une expression *composée* de différens mouvemens, de malice, de ruse, de candeur affectée et de sentiment; mais cette figure idéale et allégorique est plus agréable à décrire qu'à peindre. Si l'allégorie est exacte, si l'Amour est aveugle, il ne sera ni joli ni expressif; s'il a de beaux yeux, ce n'est plus l'Amour de la mythologie : d'ailleurs, un enfant sans innocence et sans ingénuité, n'est jamais un enfant charmant; s'il est profond dans ses desseins, artificieux et cruel, c'est un monstre. Les anges ou l'amour divin, personnifiés, sont des objets mille fois plus agréables, parce qu'ils sont plus naturels. Ces figures, quoique célestes, doivent conserver l'aimable et douce expression qui convient à l'enfance, l'innocence et la candeur; et quel intérêt n'y doit pas donner le charme ravissant d'une sensibilité sublime, unie aux délicieuses expressions d'un calme parfait et du bonheur le plus pur! Combien un artiste a besoin d'études, de goût, de délicatesse et de talent, pour bien faire une tête d'ange!.... Tous les sujets, toutes les figures de l'Histoire Sainte, exigent le même génie. Il est infiniment plus difficile de représenter un martyr, ou seulement

un chrétien mourant, qu'un héros du paganisme
dans la même situation. La tête du Saint-Sébastien du Puget est d'une expression incomparable-
ment plus belle que celle du Laocoon, parce
qu'elle offre plus de sentimens réunis. Toutes
les têtes de saints ont, pour ainsi dire, rajeuni
l'art, en présentant une multitude de nouvelles
expressions. La résignation, l'espérance céleste,
l'amour divin, une béatitude qui ne doit ressem-
bler en rien à la joie profane, le pieux repentir,
la douce humilité, quelle source inépuisable
pour les artistes, et d'études nouvelles et d'observations neuves et profondes ! Le génie s'exalte
et s'accroît par les difficultés ; la religion chrétienne et l'abolition totale du paganisme, ont
donc été d'heureuses révolutions pour les arts !
Des faits incontestables, tous les chefs-d'œuvres
des grands maîtres, répondent à cette question.
On ne conçoit pas pourquoi quelques philosophes modernes prétendent que la religion ne
donne que des *sujets tristes* : on croit avoir
prouvé que les sujets fournis par la Fable, sont
presque tous monstrueux, fantastiques ou lu-
gubres, atroces ou licencieux, tandis que la
religion présente à cet égard la plus grande
variété, et donne des sujets admirables en tout
genre. L'histoire des patriarches en offre de si
doux, de si gracieux! celles de Rebecca, de Rachel, de Ruth, etc., ont produit de si ravissans
tableaux ! Le costume antique des Hébreux est

si beau , et les paysages de la Judée sont plus pittoresques que ceux de la Grèce. Où peut-on trouver réunis plus d'intérêt , de charme, de graces et de contrastes, que dans *une sainte famille*, où l'on admire à la fois la jeunesse, la beauté, l'enfance, l'âge mûr, des expressions variées et divines? La fuite en Égypte, l'adoration des bergers et des mages, l'enfant prodigue, la Madelaine pleurant aux pieds du Sauveur, la Samaritaine, la Cananéenne , etc., fournissent des compositions aussi brillantes , aussi riches que touchantes. Quels sujets majestueux , terribles et pathétiques, on a tiré de l'histoire des juges et des rois, et de la vie des saints et des pères du désert ! L'un de nos plus grands peintres (le Sueur) n'a dû sa réputation qu'à l'étude de la vie de saint Bruno.

Les fondations d'églises ont été aussi de la plus grande utilité aux arts et aux artistes. Indépendamment de toute idée religieuse, de tels monumens n'embellissent-ils pas un pays , n'ajoutent-ils pas à la splendeur et à la célébrité d'une grande ville, n'attirent-ils pas les étrangers, ne mettent-ils pas en œuvre les talens de tout genre ? Si on loue un roi qui fait faire une belle façade à son palais, pourquoi ne le louera-t-on pas d'avoir fait élever une superbe église? Les architectes, les sculpteurs, les peintres, les orfévres, etc. ne sont-ils pas de même employés? Ne vaut-il pas mieux qu'un particulier,

au lieu de se faire bâtir une maison élégante, se
contente pour lui d'une noble simplicité , et
qu'il fasse bâtir une église qui sera un monument public et national ? Les artistes ne tra-
vailleront-ils pas avec plus d'émulation et d'enthousiasme, et par conséquent avec plus de génie et de succès pour un tel monument , que
pour une maison particulière ? Croit-on que
Michel-Ange, en faisant le plan de la plus superbe basilique de l'empire chrétien , eût été
inspiré comme il le fut, s'il n'eût dû faire que
la rotonde d'un palais ? Ce n'est que dans les
édifices consacrés à la Divinité, que l'on peut
déployer toute la magnificence et toute la majesté de l'architecture dans ses grandes proportions. Quel prince, quel souverain pourrait remplir avec sa cour une pièce de son palais qui
aurait les dimensions de Saint-Pierre de Rome ?
L'homme ambitieux et puissant peut conquérir
une grande partie de la terre, mais il n'y peut
occuper personnellement qu'un bien petit espace ;
s'il donnait trop de grandeur au lieu qu'il habite, il n'y représenterait plus avec éclat ; il y serait à peine apperçu.

On doit encore à la Religion un art admirable
dont les chefs-d'œuvres ne pouvaient être consacrés qu'à son culte. La *mosaïque*, qui n'a rien
de commun avec celle des anciens ; ces tableaux immortels et d'un éclat auquel la peinture ne peut atteindre , ne sont beaux qu'en

grand et vus de loin ; ils ne peuvent décorer qu'une vaste église. On a perdu le secret de la belle peinture sur verre, qui de même ne convenait qu'aux vitraux d'église. Cependant , de nos jours, le chevalier Reynols a peint dans ce genre avec le plus grand succès.

Enfin il est un genre de monumens (les tombeaux) que le christianisme a rendu beaucoup plus intéressant qu'il ne pouvait l'être dans le paganisme. La Religion seule peut dissiper l'horreur du tombeau ; des ornemens bizarres, des sphinx, des têtes d'animaux, et souvent les simulacres des plus infâmes divinités, décoraient les tombeaux antiques ; nos figures religieuses et symboliques parlent à la fois au cœur et à l'esprit ; elles sont susceptibles d'expressions admirables. Les anciens n'ont pu connaître le but de la vie et la dignité de la mort ; toutes leurs tombes , quant à la composition, sont dépourvues de goût ; ils n'ont jamais imaginé d'y placer l'espérance !....

Observons encore que cette figure allégorique , l'*espérance* , ne représentait , chez les païens , qu'une divinité trompeuse et frivole ; elle ne promettait que les biens fragiles de la vie ; mais l'artiste doit donner à l'espérance chrétienne un caractère auguste et céleste, une expression sublime.

Il résulte de ces réflexions que la Religion, bienfaitrice du genre humain, a non seulement eu sur les arts l'influence la plus puissante et la plus heureuse, mais qu'elle les a régénérés et perfectionnés. Si la sculpture moderne ne paraît pas dans son ensemble égaler celle des anciens, c'est qu'en général les sculpteurs sont restés attachés à la mythologie beaucoup plus que les peintres. Cependant nous avons aussi des chefs-d'œuvres de sculpture ; et certainement, par exemple, nous ne connaissons point de statue antique plus frappante et plus belle que le *Moïse* de Michel-Ange.

Mon principal dessein, en composant cet ouvrage, a été sur-tout de prouver, par des descriptions critiques de nos chefs-d'œuvres de peinture, sculpture, architecture, etc., les vérités que je viens d'établir avec rapidité, en même temps d'offrir aux jeunes artistes quelques réflexions nouvelles. Je me flatte aussi que ce livre pourra être de quelque utilité aux voyageurs et aux instituteurs qui veulent donner à leurs élèves le goût des arts.

CHAPITRE II.

ÉGLISES D'ITALIE. (1)

Saint-Pierre de Rome, la plus belle église de l'univers (2). On dit généralement que tout est si bien proportionné dans l'église de Saint-Pierre, qu'au premier aspect son immense étendue n'étonne pas. Il est bien vrai que la perfection des proportions fait que rien n'y paraît colossal. En entrant dans cet admirable édifice, on n'a point en effet cette espèce de surprise qui naît des contrastes frappans, mais on éprouve ce sentiment profond d'admiration, ce doux saisissement que produira toujours la réunion su-

----

(1) On ne citera que les plus célèbres, ainsi que de tous les autres monumens, tableaux, etc.

(2) Les églises que nous appelons cathédrales, s'appellent, à Rome, *basiliques*. Ce mot vient du grec *basileus*, roi. *Basilique* signifia d'abord *maison royale*. C'était jadis, à Rome, un bâtiment public où l'on rendait la justice, et depuis le nom de *basilique* a passé aux seuls édifices consacrés au culte du vrai Dieu. On compte, à Rome, quatre grandes basiliques, qui sont : Saint-Pierre, Saint-Jean-de-Latran, Sainte-Marie majeure et Saint-Paul, hors des murs. Ces quatre églises ont des baldaquins. Le nom de cathédrale n'a été en usage que dans l'église latine et depuis le dixième siècle.

blime de l'harmonie et de la majesté ; cette impression ne peut se comparer qu'à celle qu'on
reçoit en voyant la mer pour la première fois;
et combien les idées religieuses ajoutent à ce
sentiment !

La place sur laquelle est cette magnifique
église n'est pas sans défauts ; les connaisseurs
y trouvent plusieurs choses à critiquer, mais
l'aspect en est aussi noble qu'agréable : elle contient un magnifique obélisque égyptien d'un seul
morceau de granit oriental, qui a 74 pieds de
longueur , qu'on a surmonté d'une croix. La
hauteur totale, en y comprenant le piédestal et la
croix, est de 124 pieds au-dessus du pavé de la
place. Cet obélisque n'a point d'hiéroglyphes. La
colonnade et les fontaines de cette place sont de
la plus grande élégance. L'église de Saint-Pierre
fut commencée en 1506, sous le pontificat de
Jules II, qui en posa la première pierre. Bramante, qui fut l'architecte , mourut en 1514 ;
L'ouvrage fut continué par différens artistes.
Michel - Ange le porta presque à sa perfection ;
après lui, Vignole et d'autres y travaillèrent, et
l'achevèrent sur ses plans. La dernière pierre y
fut posée en 1590, par Paul V. Le vestibule en
est superbe. Dans les deux galeries couvertes qui
sont à chaque côté du vestibule, se trouvent les
deux statues équestres de Constantin le Grand et
de Charlemagne.

L'église de Saint-Pierre a dans œuvre 600 pieds

de longueur, 440 pieds de largeur à la croisée : la nef principale a 86 pieds de largeur : le diamètre intérieur de la coupole est le même que celui du Panthéon; il a 140 pieds, et ce fut une hardiesse inconcevable d'imaginer de poser à une si prodigieuse élévation une coupole d'un tel diamètre. Michel-Ange seul pouvait exécuter un semblable dessein. La hauteur totale de Saint-Pierre, du plan ou sol de l'église jusqu'à l'extrémité de la croix qui est au-dessus de la boule, est de 443 pieds.

Voici la comparaison, suivant M. de Lalande, des dimensions de Saint-Pierre avec les autres édifices les plus considérables de l'Europe.

Longueur de l'église de Saint-Paul de Londres, 469 pieds et demi;

Largeur, 233 pieds; hauteur de la coupole, 319 pieds.

Longueur de l'église de Notre-Dame de Paris, 378 pieds;

Largeur de la nef, 40 pieds; hauteur des tours Notre-Dame, 204 pieds.

Longueur de la cathédrale de Strasbourg, 306 pieds;

Largeur de la nef, 43 pieds; hauteur de l'édifice jusqu'à l'aiguille, 386 pieds.

Longueur de la cathédrale de Milan, 313 pieds.

Hauteur des Invalides de Paris jusqu'à la flèche, 324 pieds.

Il faut observer que les dimensions de la longueur et de la largeur des monumens ci-dessus ne sont que les dimensions de l'intérieur, sans comprendre l'épaisseur des murs. On peut ajouter à cette comparaison de M. de Lalande les dimensions de deux autres édifices fameux.

L'église de Sainte-Sophie, en Turquie, à 252 pieds de long sur 228 de large. On compte 80 pieds depuis le centre de la coupole jusqu'au pavé.

La plus élevée des pyramides d'Égypte à 600 pieds de haut.

Le fameux dôme de Saint-Pierre est d'une forme, d'une majesté, d'une hardiesse de construction admirables; il est accompagné de deux autres petits dômes faits par Vignole, dont la proportion est admirée, quoiqu'ils paraissent très-petits en comparaison du grand : on prétend qu'ils sont aussi forts que le dôme de la Sorbonne à Paris.

La porte principale de Saint-Pierre est de bronze, couverte de bas-reliefs. Une autre porte, appelée la porte sainte, et sur laquelle est une grande croix, ne s'ouvre que pour les *jubilés*. Les bénitiers, vus de la porte, paraissent très-bas, et on les croit soutenus par des enfans de grandeur naturelle, et, quand on est près de ces bénitiers, on trouve qu'il faut beaucoup hausser le bras pour y atteindre, et que les enfans ont six pieds. La coquille des bénitiers est de marbre jaune antique, et les draperies des enfans sont de marble bleu. Le baldaquin, en bronze doré, soutenu par des colonnes torses, dorées d'or moulu, est d'une magnificence extrême. La plupart des bronzes qui le décorent ont été enlevés du Panthéon. Ce baldaquin est de 24 pieds plus haut que la colonnade du Louvre. On doit louer les premiers empereurs chrétiens et les papes de n'avoir point détruit les superbes monumens du paganisme, mais de les avoir fait servir au culte du vrai Dieu; ils n'ont rien mutilé; les édifices, les colonnes, les marbres, ont été conservés avec soin; les statues ont formé des musées; presque tous les temples de l'erreur sont devenus ceux de la vérité, et leurs magnifiques ornemens, réparés et restaurés, ont décoré les églises. La chaire de Saint-Pierre est au fond de l'église, toute revêtue d'ornemens dorés d'or moulu, et entourée des quatre évangélistes qui la soutiennent. Ce morceau est très-beau; le Saint-Esprit paraît planer dessus, et les rayons de sa gloire sont formés par le jour que donne une fenêtre ronde dont les verres sont couleur de topaze. La chaire que l'on conserve dans ce grand reliquaire est celle dans laquelle Saint-Pierre siégeait pontificalement, et celle dans laquelle les papes officiaient dans la primitive église. Rien n'égale la magnificence de Saint-Pierre : on y trouve avec profusion des colonnes, des marbres les plus précieux, de porphyre, de jaspe, de granit, etc.

Voici les morceaux de sculpture les plus remarquables de cette église. Un bas-relief de
l'Algardy, représentant saint Léon arrêtant Attila, qui venait pour saccager Rome. Ce bas-relief est un chéf-d'œuvre. Le saint commande au
roi barbare de s'éloigner ; sa figure imposante
est remplie de majesté et de tranquillité , et
forme un beau contraste avec celle d'Attila,
qui exprime le saisissement, la surprise et l'effroi. On apperçoit dans les nues les figures de
saint Pierre et de saint Paul , qui paraissent
menacer Attila.

Le tombeau d'Alexande VII, par le Bernin.
Cet artiste ingénieux fut obligé de poser ce monument sur une porte revêtue de marbre noir,
et formant un enfoncement obscur : il a tiré le
plus grand parti de cette position. Sur le haut
de la porte est la figure du pape mourant , entouré des statues de la Vérité et de la Charité.
Cette dernière paraît chercher à le rassurer en
lui cachant à moitié la mort , placée dans une
niche formée par la porte, et soulevant une draperie qui retombe sur cette porte. Ce spectre
effrayant, qui semble sortir du fond d'un antre,
et qui s'élève sous les pieds du pape, donne à
cette composition , d'ailleurs si bien conçue,
l'effet le plus frappant.

Le tombeau du pape Urbain VIII, Barberini,
mort en 1644, par le même artiste, est aussi
très-beau pour la composition et l'exécution. La

figure d'Urbain VIII, en bronze, est regardée comme la plus belle figure de pape qu'il y ait dans cette église. Ce pape avait pour armes des abeilles; et le Bernin, pour exprimer l'extinction de cette famille, n'a point mis les abeilles renfermées dans un cartouche; il les a dispersées sur la tombe.

Le mausolée du pape Farnèse, Paul III, mort en 1550. L'ensemble en est très-beau. Il est de Jacques della Porta, qui fut aidé des conseils de Michel - Ange. Le tombeau de la comtesse Mathilde. La figure de la comtesse est charmante. Le tombeau de Christine, reine de Suède. On y voit son profil dans un médaillon en bronze.

Un beau morceau de sculpture de Michel-Ange, représentant la Piété ou une Vierge tenant Jésus-Christ mort sur ses genoux. Le Christ est trop petit relativement à la Vierge, mais l'expression des têtes est admirable. L'une des plus belles statues de Saint-Pierre est celle de saint André, du *Fiammingo*, ou François Quesnoy.

Saint-Pierre est orné d'une immense quantité de tableaux, et tous en mosaïque, à l'exception de deux ou trois; ce qui est d'une excessive magnificence, car il n'y en a pas un qui n'ait coûté 70, 80 ou 100,000 francs. Le plus beau de tous représente la communion de saint Jérôme, d'après Le Dominiquin. Cette mosaïque fut faite par le cavalier Cristofari, en 1733.

Saint - Pierre contient une grande quantité de superbes mosaïques de ce même Cristofari, entre autres le martyre des saints Processus et Martinianus, d'après Le Valentin. Le martyre de saint Érasme, d'après le Poussin. Sainte Pétronille, d'après le fameux tableau du Guerchin. L'autel appelé la *Navicella*, dont le tableau représente la barque de saint Pierre prête à se submerger. Cette mosaïque, qui n'est pas une des plus belles, est célèbre et faite d'après un excellent tableau de Lanfranc.

On trouve dans cette église une infinité de grandes et belles chapelles, et chaque chapelle a sa coupole. La chapelle Sixtina, ou la chapelle du chœur, pourrait seule être regardée comme une belle église. C'est celle où le chapitre de Saint-Pierre fait l'office. C'est dans cette chapelle que se trouve le fameux tableau du Jugement Dernier, par Michel-Ange.

L'église souterraine de Saint - Pierre est fort riche et fort curieuse : on y trouve le tombeau de saint Pierre ; les femmes n'y peuvent entrer que le Vendredi-Saint. Au-dessus de ce tombeau est une espèce de coffre où sont renfermés les palliums, ornemens de soie que le pape donne aux archevêques, et quelquefois aux évêques ; ce qui entraîne quelques prérogatives.

Une partie de l'église souterraine est formée par les anciennes grottes dont le sol fut respecté comme ayant été consacré par le sang d'une quantité prodigieuse de martyrs avant Constantin, et par la sépulture de beaucoup de saints et de papes dans les siècles suivans. Il y a dans ces souterrains de beaux mausolées, des peintures, des statues, etc.

La sacristie de Saint-Pierre est un vaste édifice bâti par le pape Pie VI, qui le commença dans l'année 1776, et le finit en 1780. Carlo Marchioni ou Marchino, fut l'architecte. Le curé de Saint-Pierre a le droit de baptiser les enfans de toutes les paroisses de Rome.

On a prétendu qu'un prêtre a le temps de dire la messe pendant celui que l'on met à aller de la porte du milieu de l'église jusqu'au grand autel du baldaquin. Cela n'est pas. En partant de la porte, et en allant non seulement jusqu'au baldaquin, mais jusqu'à l'autel de la chaire de Saint-Pierre, qui est tout au fond de l'église, on ne met que quatre ou cinq minutes en marchant le pas ordinaire, et, en marchant vîte, on fait ce même trajet en deux minutes. Il faut douze minutes d'un pas ordinaire pour faire le tour de l'église, mais sans entrer dans les chapelles.

Michel-Ange a eu l'idée d'un emblême admirable : il a fait suspendre aux voûtes de cette immense église, le Vendredi-Saint, une énorme croix couverte de lampions, afin que, dans ce jour solennel, l'*église fût éclairée par la croix;* ce qui se pratique toujours depuis. Tous les cierges sont éteints, et dans ce magnifique édifice, tendu de noir, l'effet de cette croix lumineuse est aussi beau que frappant.

Saint-Jean-de-Latran est appelé la première église du monde chrétien, parce que Constantin le Grand en fut le premier fondateur vers l'an 324. Cette antique église fut restaurée et embellie par plusieurs papes. Le péristile en est beau, mais l'architecture extérieure de l'église est mauvaise. Il y a beaucoup de chapelles dans cette basilique. La plus belle est la magnifique chapelle Corsini, qui renferme le tombeau de Clément XII, dont le corps est dans une superbe urne antique de porphyre. Cette chapelle renferme aussi plusieurs mausolées des cardinaux Corsini, parmi lesquels on remarque surtout celui où Philippe della Valle a représenté la Tempérance, très-belle figure en marbre, qui verse de l'eau d'un vase dans un autre. (1)

Sainte-Marie Majeure. Ce qu'on y trouve de plus beau, est la chapelle Borghèse dans laquelle le pape Paul V est enterré. Rien n'est plus riche

---

(1) Sur la place de Saint-Jean-de-Latran est un grand et magnifique obélisque. Vis-à-vis de l'église est la *scala sancta*, l'escalier saint, dont les marches sont revétues de cuivre pour les conserver. La tradition dit que cet escalier était à la maison de Pilate à Jérusalem, et que le Sauveur des hommes y passa plusieurs fois dans le temps de sa passion. On ne peut monter cet escalier qu'à genoux. Des deux côtés sont deux escaliers qui conduisent à la chapelle nommée *Sancta Sanctorum.*

que l'autel où l'on voit quatre colonnes canne-
lées de jaspe oriental, avec les bases et les cha-
piteaux de bronze doré. Les piédestaux sont revêtus de jaspe et d'agate, réunis par des moulures dorées. Le fond de l'autel est de lapis
lazuli.

Saint-Paul hors des murs, quatrième basilique. On y voit une immense quantité de colonnes antiques de marbre, de porphyre, etc.,
dont plusieurs sont d'une grosseur et d'une élévation extraordinaires.

Les **autres** églises les plus remarquables de
Rome sont :

Le Panthéon, temple dédié jadis à tous les
faux dieux, comme son nom l'exprime, et consacré aujourd'hui à la vraie religion. Un chrétien éprouve la plus douce sensation en entrant
dans ce bel édifice enlevé à l'erreur et conquis
par la vérité. On ne se trouve point sans émotion dans ces murs purifiés, qui furent si souil-
lés jadis par les hommages insensés qu'on y rendit aux plus infâmes divinités. On bénit l'heureuse révolution qui bannit de ce chef-d'œuvre
des arts les emblêmes de tous les vices, pour
y placer les images révérées de toutes les vertus. Les yeux s'arrêtent avec plus de respect et
d'amour sur les tableaux qui représentent le
Sauveur du genre humain, expliquant à ses
disciples les vérités sublimes de l'Evangile, dans
ce lieu autrefois rempli de peintures licen-

cieuses ; et l'on regarde avec plus de vénération la statue de la plus pure des vierges, en pensant que peut-être à cette même place celle de Vénus fut adorée.

Le Panthéon est un monument admirable et très-bien conservé : c'est une superbe rotonde, qui a les mêmes dimensions pour la largeur diamétrale, que la coupole de Saint-Pierre, mais qui, moins élevée, paraît beaucoup plus large. La corniche, la sculpture, la voûte, tout est parfaitement conservé et d'une beauté supérieure par l'élégance et la noblesse. Le péristile du Panthéon a huit colonnes de face, et il en a en tout seize de l'ordre corinthien. Ces colonnes sont de granit. Il y a dans l'intérieur quatorze grosses colonnes de marbre jaune antique, sans compter les pilastres et les petites colonnes des autels. La lanterne de la coupole est à jour. Les anciens les faisaient ainsi. (Ce qui ne pouvait être supportable que sous le beau ciel de la Grèce et de l'Italie.) Il pleut dans l'église par cette ouverture ; mais sous la coupole est un égout grillé qui reçoit les eaux.

On voit au Panthéon une grande statue de la Vierge de Lorenzetto. Cette statue est très-estimée. Le Panthéon renferme les tombeaux d'Annibal Carache et de Raphaël. On a placé dans la niche qui fait pendant à celle de Raphaël, le buste en bronze du fameux Mengs, mort en 1779, avec cette inscription en latin :

Antoine-Raphaël Mengs, peintre, philosophe.
On a encore placé dans une niche voisine le
buste du Poussin, fait par Ségles. Un Français,
pour faire le pendant de l'épitaphe de Mengs, a
proposé celle-ci : *Nicolas-Poussin, peintre des
philosophes.* On lit sur l'architrave de la façade extérieure du Panthéon , une inscription
latine qui apprend que ce bel édifice fut élevé
par Agrippa, gendre d'Auguste.

Église de Saint-Ignace. Il y a un plafond
peint qui fait un grand effet par la manière dont
les figures et les colonnes ressortent.

Église de Saint-André de la Valle, ou les
Théatins. La coupole, peinte par Lanfranc, est
très-belle; la voûte du chœur, par Le Dominiquin, est superbe.

La Chiesa nuova, ou Église neuve. Le plafond de la sacristie est très-beau : il y a un ange
portant la croix , qui est un chef-d'œuvre. Cet
ouvrage est de Pierre de Cortone.

Saint-Pierre-aux-Liens. Cette église est ornée de superbes colonnes antiques qui étaient
jadis aux bains de Titus. Le tombeau du pape
Jules II est dans cette église. La majestueuse et
célèbre statue de Michel-Ange , représentant
Moïse assis, tenant sous son bras le livre de la
loi , fait partie des ornemens de ce tombeau ,
qui contient d'ailleurs des bas-reliefs antiques
fort déplacés là , puisqu'ils représentent des divinités du paganisme.

Voici l'étymologie du nom de cette église.

L'impératrice Eudoxe, femme de Théodose le Jeune, fut à Jérusalem. Le patriarche lui fit présent de deux chaînes, avec lesquelles, suivant la tradition, Hérode avait fait enchaîner saint Pierre. Ce fut ce qui fit bâtir cette église, où l'on conserve ces chaînes sous le grand autel.

Église de Sainte-Agnès de la place Navonne. On trouve dans son église souterraine le beau bas-relief de Lalgardi, qui représente sainte Agnès exposée nue, au milieu de deux soldats, et couverte de longs cheveux qui poussèrent tout à coup miraculeusement pour lui servir de vêtement. Le profil de la sainte est d'une beauté parfaite : on pourrait trouver que la proportion de sa taille est un peu courte, et sa figure un peu trop grasse.

La Madona du Peuple, jadis le tombeau de Néron. On y voit plusieurs beaux mausolées. Entre autres, dans la chapelle Chigi, le tombeau de la princesse Chigi, élégamment décoré. On admire dans cette même chapelle la belle statue représentant Jonas, de Raphaël. Les pendentifs de la coupole sont peints par le même.

L'Église de Minerve, ou des Jacobins. On y voit de beaux mausolées, entre autres, le tombeau de Bénoît XIII, fait par de Valle, et un morceau de sculpture très-fameux, de Michel-Ange. Il représente Jésus-Christ portant sa croix. Cette église prend sa dénomination de la place de la Minerve sur laquelle elle est située. Au milieu de cette place est un éléphant qui porte un obélisque sur son dos. (1)

L'Église de Saint-Louis, richement décorée. Elle contient plusieurs beaux tableaux : l'un des meilleurs est le martyre de sainte Cécile, du Dominiquin. Il y a dans la sacristie un tableau d'une grande vérité, de Jean Mielle; il réprésente un évêque guérissant un aveugle.

La Madona della Vittoria. On y trouve le chef-d'œuvre du Bernin. C'est la statue de sainte Thérèse, blessée par le génie de l'amour divin. Le visage de la sainte a l'expression la plus touchante et la plus sublime : mais sa draperie ne vaut rien; elle est beaucoup trop chargée de petits plis. Ce morceau est placé dans une niche élevée, et une petite fenêtre qui le domine par le jour qu'elle donne, forme une gloire à l'ange; ce qui produit un effet brillant et heureux.

Il existe encore une belle statue de sainte Thérèse : c'est à Turin, dans l'église de Sainte-Catherine. Cette statue est de Legros, sculpteur français. La sainte est représentée ouvrant ses vêtemens pour découvrir son cœur à Dieu.

L'Église de Saint-Laurent, qui n'a de bien remarquable que ses catacombes.

- - - - - - -

(1) On fait chaque année, à la *Minerve*, le jour de l'Annonciation, la procession *des dotées* ou des filles à qui on distribue des dots, soit pour se marier ou pour se faire religieuses, suivant leur vocation. La même fondation a été faite à Sienne.

L'Église de San-Pietre in Montorio, près de la superbe fontaine de ce nom, revêtue en marbre, et dont les colonnes sont de granit. C'est dans l'église que se trouvait l'admirable tableau de la Transfiguration de Raphaël, le premier tableau de Rome, et même de l'univers (1). Rien n'égale ce tableau pour la grandeur du sujet et de la composition, la diversité, la force, la vérité des expressions, mérite inconcevable, puisque l'artiste n'avait à peindre sur tous les visages que les mêmes sentimens, ceux de l'admiration et d'une adoration céleste : cependant rien de plus varié que les têtes de ce sublime tableau. On trouve que la femme à genoux, sur le premier plan, serait trop grande si elle était debout. Raphaël, ainsi que Michel-Ange, excella dans la sculpture et l'architecture : c'est lui qui bâtit, à Rome, la belle maison du cardinal Aquaviva. Quand ce peintre mourut, on lui fit de magnifiques funérailles ; mais le plus bel ornement de cette pompe funèbre, fut le tableau de la

---

(1) Ce qu'on appelait à Rome les quatre tableaux capitaux, étaient la Transfiguration, le premier ; la Descente de Croix, de Daniel Volterre ; Saint-Bruno, d'André Sacchi, et le quatrième, Saint-Luc, faisant le portrait de la vierge de pierre de Cortone. Il semble que la communion de saint Jérôme, du Dominiquin, devait être comptée au nombre des plus parfaits chefs-d'œuvres ; mais on ne pouvait le placer en seconde ligne, et la vaste composition du tableau de la Transfiguration, ainsi que la sublimité du sujet, méritaient une place unique au premier rang.

Transfiguration que l'on porta devant son cercueil. Ce tableau est maintenant au Musée de Paris.

L'Église de Jésus, d'une magnificence surprenante. La chapelle de Saint-Ignace est d'une richesse excessive. Il y a sur le grand autel un tableau qui se retire et qui découvre la statue du saint toute couverte de pierres précieuses. Les colonnes de cet autel, quoique fort grandes et fort grosses, sont toutes revêtues de lapis lazuli, avec des filets de bronze doré. Ce magnifique autel est couronné par la figure du Père Éternel, qui tient un globe de lapis lazuli, d'un seul morceau, et le plus beau que l'on connaisse.

A la *Trinité des Pélerins*, à Rome, un beau tableau du Guide, représentant le Père Éternel, Jésus-Christ crucifié, le Saint-Esprit et les anges. La composition en est trop symétrique.

L'Église de Saint-Romuald, chef-d'œuvre d'André Sacchi, représentant saint Romuald prêchant aux Camaldules dans le désert. Un autre chef-d'œuvre d'André Sacchi est la mort de sainte Anne, à *Saint-Carlo de Catenari*.

Au couvent des religieuses de *Sainte-Marie Madelaine*, superbe Madelaine du Guerchin.

Église de Saint-André, somptueusement décorée. Cette église était jadis le noviciat des jésuites. On voit, dans l'intérieur de la maison, la chambre qui fut occupée par saint Stanislas : on en a fait une chapelle ; on y trouve la statue de ce saint, représenté mourant sur un lit, tenant un crucifix et les yeux déjà fermés. Son habit de religieux est de marbre noir; la statue est de marbre blanc; elle est très-belle, et les détails en sont heureux, mais le visage n'a point d'expression; il a d'ailleurs, ainsi que les mains, beaucoup trop d'embonpoint pour un homme mourant : enfin cette bigarrure de marbres de diverses couleurs en sculpture, n'est pas de bon goût, parce que, loin d'ajouter à l'illusion, elle la détruit entièrement; car si, en examinant un morceau de sculpture, l'esprit n'est pas uniquement occupé de l'idée des formes, si un accessoire lui rappelle celle du coloris, si on lui offre une draperie tranchante et de couleur naturelle, il desirera que la figure ait de la carnation, et il ne verra plus dans la statue qu'une poupée ridiculement habillée. Cette même bigarrure plaît dans les pierres gravées, parce que des têtes ou des sujets représentés sur la surface d'un cachet ou d'une bague, ne peuvent jamais produire le plus léger degré d'illusion. On ne desire, dans ce genre, que l'élégance et la pureté du dessin, et on loue avec raison l'artiste qui sait faire valoir la beauté de la pierre, en tirant un parti ingénieux des différentes couleurs naturelles qu'elle présente.

Église des Chartreux, vaste et d'une superbe architecture.

On trouve dans l'église de *Santa-Maria di Loretto*, une statue qui a beaucoup de célébrité, celle de sainte Suzanne, tenant une palme, et ayant une couronne à ses pieds. Cette figure, parfaitement drapée, est bien dessinée et remplie de grace. Elle est de François Flamand.

L'Église de Sainte-Bibiane. Elle contient une urne d'albâtre oriental, qu'on dit être unique : elle a près de 9 pieds de longueur. On y trouve aussi la statue de sainte Bibiane, du Bernin, qui est fort estimée.

Église de Sainte-Croix de Jérusalem, où se trouvent quelques belles peintures à fresque.

Église de Sainte-Agnès, hors des murs. On y voit la fameuse urne antique de porphyre, appelée le *tombeau de Bacchus*, parce que le bas-relief représente une vendange.

Église de la Trinité du Mont, qui renfermait le second tableau de Rome, la descente de croix de Daniel Volterre. On voit dans ce tableau la vierge évanouie dans les bras de Madelaine. L'expression des têtes de ce tableau est admirable, mais le coloris en est un peu gâté. Il est maintenant au Musée de Paris.

On doit mettre aujourd'hui le *Colisée* au nombre des monumens religieux. Ce superbe édifice est un vaste amphithéâtre qui servit jadis aux combats des gladiateurs et aux autres spectacles des anciens Romains. Il fut bâti par Vespasien, l'an 71 de Jésus-Christ. Ce lieu a été consacré par la mort d'une multitude de martyrs qui, sous les empereurs chrétiens, y furent livrés aux bêtes. Le Colisée est un ovale qui a 581 pieds de longueur, et 481 de largeur ; sa circonférence extérieure est de 1616 pieds. L'arêne vide qui était au milieu, est à moitié comblée par les débris des voûtes sur lesquelles les gradins étaient posés. On trouve dans ce monument quatre ordres d'architecture; un dorique enterré à moitié ; un ionique, et deux corinthiens, l'un sur l'autre. Les trois premiers ordres sont en colonnes, et le quatrième en pilastres. Entre les colonnes des trois premiers ordres, il y a 80 arcades qui donnent entrée à un double portique tournant autour de l'édifice. Ce monument est ruiné d'un côté dans la moitié de sa hauteur. Les barbares qui ravagèrent Rome sous Totila, en 546, furent les premiers qui l'endommagèrent, et les rois goths permirent d'en enlever des pierres pour bâtir ailleurs. Benoît XIV a fait construire, dans le Colisée, de petites chapelles qui sont de mauvais goût.

Eglises remarquables du reste de l'Italie.

LA CATHÉDRALE DE MILAN. Elle est placée au centre de Milan ; c'est, après Saint-Pierre de Rome, la plus belle église de l'Italie. Le vaisseau a 449 pieds de longueur, 275 de largeur dans la croisée. Cet édifice fut commencé par Jean Galéas Visconti. Il n'y a point d'église en Italie aussi chargée d'ornemens. On prétend qu'elle renferme 400 statues, tant grandes que petites, et toutes d'un beau marbre blanc. Tout le bâtiment est revêtu de statues, tant au dedans qu'au dehors. L'intérieur de l'église est de forme absolument gothique. Un des plus beaux monumens de sculpture de cette église, est le tombeau du marquis de Marignano, frère du pape Pie XIV. Rien dans cette belle église n'est plus remarquable que la chapelle souterraine où repose le corps de saint Charles Boromée, mort en 1584.

Il y a dans une petite sacristie, derrière cette chapelle, un portrait de saint Charles Boromée, brodé par la Pérégrine, artiste célèbre dans ce genre d'ouvrage.

Près de la sacristie, à droite de l'église, on voit une très-belle statue de saint Barthélemi écorché, très-estimée par la grande vérité de sa miologie, c'est-à-dire des muscles du corps qui sont entièrement à découvert. Elle est du sculpteur Agrati.

La sculpture, la ciselure, l'orfévrerie l'ont décoré des plus somptueux ornemens. La châsse du saint est magnifique. Le trésor de l'église est le plus riche que l'on connaisse après celui de Lorette. (1)

L'église de Milan a donné cinq papes. La réputation de saint Ambroise a contribué à faire conserver le *rite ambroisien.* Il y a dix vieillards et dix vieilles femmes vêtus de noir, et suivant l'ancien costume, attachés au service de cette cathédrale. Ils représentent tout le peuple de Milan, et offrent en son nom le pain et le vin.

On peut compter la superbe bibliothèque am-

____

(1) Ce dernier n'existe plus.

broisienne au nombre des monumens religieux :
elle fut formée par deux grands hommes et deux
saints, et c'est peut-être la seule grande bibliothèque de l'univers qui soit parfaitement pure :
elle est composée de 40 mille volumes imprimés,
et d'environ 20 mille manuscrits. Son manuscrit
le plus célèbre est celui des antiquités de Josephe,
traduit par Ruffin ; il est écrit sur du *papyrus*
d'Égypte ; il paraît avoir 1100 ans d'antiquité ; il
est fort incomplet, et ne contient que cinq livres
des antiquités judaïques. Les saints fondateurs de
cette bibliothèque ont aussi aimé les arts ; ils ont
formé à côté de la bibliothèque un très-beau musée
rempli de statues antiques, de tableaux et de beaucoup de choses curieuses. C'est là que l'on trouve
la précieuse collection des manuscrits de Léonard
de Vinci. Il y a un grand volume et onze petits. Ce
grand peintre eut un génie universel ; il fut ma-
thématicien, poète, peintre, sculpteur, architecte,
chimiste, anatomiste.

Le lac Majeur est à 7 lieues du lac de Côme (1) :
on y va de Milan pour voir les délicieuses îles bo-
romées. Dans cette route et sur le bord du lac, on
apperçoit le vénérable château d'Arona, où naquit
saint Charles Boromée, et la statue colossale que
sa famille lui a fait élever vers 1650, en cuivre
battu : elle a 100 pieds de hauteur, 64 pour la
statue, et 46 pour le piédestal. Cette figure impo-

---

(1) Le lac de Côme est à huit lieues de Milan.

sante semble dominer tout le lac, qui a 5o milles de longueur sur 9 de largeur. Le saint donne sa bénédiction de la main droite; il tient un livre d'évangiles de la main gauche. A côté de la statue est un collége ancien fondé par le saint qui, durant sa vie active et bienfaisante, s'occupa autant des études et de l'instruction de la jeunesse, que du soulagement des pauvres et des malades. L'un des plus beaux tableaux de Léonard de Vinci est à Milan, dans le *Grazie,* église des Dominicains; il représente la cène.

A Milan, outre la cathédrale, on admire l'église de *Saint-Ambroise.* Quelques auteurs prétendent que c'est celle dont saint Ambroise refusa l'entrée à l'empereur Théodose, après le massacre de Thessalonique. Il y a dans cette enceinte une belle bibliothèque, mais très-inférieure à la bibliothèque ambroisienne.

A Naples, l'église de *Sancta Chiara de Sainte-Claire.* On y remarque un assez beau plafond, du chevalier Conca, dans lequel on voit David jouant de la harpe.

Près de Naples, l'église dans laquelle se trouve le tombeau de Sanazar (1). Les statues de Judith et de David, qui ornent ce tombeau, sont très-belles.

La chapelle de *San-Severo.* On y trouve un grand nombre de morceaux de sculpture très-inté-

____

(1) Poète latin et italien, mort en 153o.

ressans, entre autres, *le vice détrompé.* C'est sur
une tombe une statue singulière, de Queirolo.
Cette figure représente un homme engagé dans
un grand filet, et voulant sortir par le secours de
son esprit; ce qui est exprimé par un génie qui
paraît seconder ses efforts. Le filet est travaillé
dans la même pièce de marbre, et touche à peine
la statue qu'il enveloppe; mais c'est là tout le
mérite de cet ouvrage. L'allégorie, plus bizarre
qu'ingénieuse, est faite pour représenter la conversion du défunt. Dans la même chapelle, on admire un Christ au tombeau, couvert d'un voile
transparent, qui laisse distinguer, à travers son
tissu léger, toutes ses formes. C'est un chef-
d'œuvre de sculpture; ouvrage de Corradini,
qui mourut en 1752.

A Gaëte, entre Rome et Naples, l'*Église de la
Trinité*, avec un couvent situé près d'un rocher,
qui, selon la tradition, se fendit en trois parties le
jour de la mort de Jésus-Christ. Un gros bloc
tombé dans la principale fente du rocher, et qui
s'y est arrêté, a servi de base à une chapelle du
crucifix, fort petite et fort élevée, et sous laquelle
passe la mer qui baigne le bas de cette fente de rocher. Cette chapelle, qui était fort ancienne, a été
rebâtie en 1514. On l'appelle communément la
chapelle della rocca speccata, du rocher fendu,
ou la *chapelle de la Trinité*, ainsi que le couvent
qui en est proche. Tous les vaisseaux qui passent
devant cette chapelle, tirent le canon, lorsqu'il y

en a sur le navire. On ne peut douter, par la correspondance des angles, que ce rocher n'ait en effet été fendu par quelque effort extraordinaire.

A Florence, *il Duomo*, ou la cathédrale (1), appelée aussi *Santa-Maria del Fiore*, est un vaste édifice dont la coupole est d'une beauté célèbre : elle fut construite par Brunellesco, mort en 1446, le plus grand architecte du quinzième siècle, et l'un des principaux restaurateurs de l'architecture. L'église est tout incrustée, au dehors, de marbres polis, noirs et blancs. On a transporté dans l'église les quatre belles statues du Donatello, représentant les quatre évangélistes, et qui ornaient la façade. Le pavé de marbre de l'église est d'une grande beauté. On a placé, des deux côtés de l'église, les statues, bustes ou portraits des hommes illustres de la république : Brunellesco, architecte de l'église ; Giotto, l'un des premiers restaurateurs de la peinture ; Pierre Farnèze, général des Florentins ; le Dante. Son tombeau est à Ravenne ; où il mourut en exil ; mais les Italiens, à l'exemple des Grecs, ont élevé par-tout des cénotaphes ou tombeaux vides, aux grands hommes qu'ils ont vu naître. On ne trouve dans cette église qu'un portrait du Dante ; mais le décret du sénat, au sujet de ce poète, portait qu'on lui élèverait un tombeau

-----

(1) Elle fut commencée en 1296 ; et, quoique ce fût avant le renouvellement des arts, elle n'est point dans le genre gothique et barbare du treizième siècle.

magnifique. Ces hommes célèbres pouvaient être honorés dans le sanctuaire même du vrai Dieu; ils ne profanèrent point leurs talens, et presque tous les consacrèrent à la religion. On voit tout près de la cathédrale le fameux *campanilo*. C'est une superbe tour de 252 pieds de hauteur sur 43 pieds en carré, tout incrustée de marbre noir, rouge et blanc, et qui fut bâtie sur les dessins de Giotto.

Le Baptistaire, autre belle église de Florence. Elle a trois portes de bronze qui sont admirées des connaisseurs.

L'Église de Saint-Laurent, si fameuse par la superbe chapelle de ce nom, toute travaillée en marbre et en pierres dures. La magnificence de cette chapelle est éblouissante : elle contient les sépulcres des grands ducs de la maison de Médicis. Ces tombes sont des urnes immenses des plus belles formes de granit gris ou rougeâtre, et de porphyre.

La Nanciata, l'*Annunciata*, église remarquable par son architecture, ses ornemens et ses peintures. Elle est desservie par des religieux nommés *servites*. On voit, dans un de leurs cloîtres, une vierge d'André del Sarto, qui est célèbre, sous le nom de *la Madona del Sacco* : c'est le plus bel ouvrage de ce maître. Son nom lui vient de ce que saint Joseph y paraît appuyé sur un sac. D'autres disent que c'est parce que ce peintre la fit pour un sac de farine dans un temps de disette.

Cet habile artiste est enterré dans le vestibule découvert qui est devant l'église. Daniel Volterre a
peint la coupole de cette église. On admire sur-
tout dans cette église la figure en marbre de Jésus-Christ mort, soutenu par Dieu le père : elle
est du Bandinelli, et forme un glorieux trophée au
tombeau de cet artiste, que l'on a placé au-dessous
de ce beau morceau de sculpture. C'est dans cette
église qu'est inhumé le fameux *Jean de Bologne*,
sculpteur français, qui mourut à Florence vers
1606. Son tombeau est orné de ses propres ouvrages ; il les avait faits pour le grand duc, qui en
fit décorer la tombe qu'il lui éleva. (1)

L'ÉGLISE DE SANTA-CROCE est sur-tout remarquable par le beau mausolée de Michel-Ange, artiste étonnant et sublime, qui excella également
dans la peinture, la sculpture et l'architecture, et
qui de plus fut poète : il a même fait plusieurs
pièces de théâtre. On voit au-dessous de son sarcophage, trois grandes figures éplorées, représentant la Sculpture, la Peinture et l'Architecture. On
a fait entrer dans la décoration de ce monument,
outre son buste orné de trois couronnes de lau-
rier, un petit tableau de sa main, représentant le

---

(1) Les principaux ouvrages de ce grand artiste sont : le
beau cheval de la statue de Henri IV, qui était sur le Pont-Neuf
à Paris ; le groupe du centaure, dans un carrefour de Florence ; le groupe de Mercure et de Psyché, qui était à Marly ;
la figure d'Esculape, à Meudon, etc.

Christ mort. Il y a encore dans cette église plusieurs peintures des illustres restaurateurs de la peinture, Cimabué et Giotto. Enfin on trouve dans cette église un beau monument de reconnaissance, le tombeau de Galilée, que lui fit élever Viviani, son disciple chéri.

L'Église de Saint-Minias. Les vitrages des fenêtres ont une singularité; ils sont d'albâtre, au lieu d'être de verre, et cependant l'édifice est suffisamment éclairé.

A Gènes, la superbe église de *l'Annonciade*. Les colonnes en sont d'une belle proportion et de marbre jaspé rouge. Il y a un beau tableau du Procacini, sur la porte, qui représente la cène.

On voit, dans l'église de l'hôpital des *Enfans trouvés*, un médaillon en bas-relief, de Michel-Ange, représentant en buste la vierge contemplant Jésus-Christ mourant. La figure et les mains de la vierge sont un peu bouffies, mais le visage du Christ est admirable. Il est impossible de se faire une idée de la sublimité de son expression. Au fond de la même église, est une vierge sculptée, enlevée au ciel par les anges. Ce morceau, du Puget, est un chef-d'œuvre.

La *cathédrale*, appelée église de *Saint-Laurent*, est vaste et belle. On y conserve *la cattina*. C'est un plat qu'on prétend être d'une seule émeraude, et valoir 14 millions. Il fallait, avant la révolution, un décret du sénat, pour la voir. Ce plat, à l'œil, n'est pas plus beau qu'un vase de cristal coloré.

L'Église de Saint-Ambroise contient quelques beaux tableaux.

L'Église de Saint-Carignan. On y trouve l'admirable statue de saint Sébastien, du Puget. Ce saint est percé de flèches et mourant, et son visage céleste exprime à la fois la douleur physique, la douce et noble résignation, et l'amour divin.

A Padoue, *il santo Saint-Antoine*, ainsi nommée en l'honneur de saint Antoine de Padoue, désigné dans cette ville comme *le saint* par excellence. Cette église est gothique. On y voit de beaux bas-reliefs du Donatello, et beaucoup de tombeaux intéressans. Le martyre de sainte Agathe, par Tiepolo, est dans une chapelle derrière le chœur. C'est un tableau d'une beauté supérieure; le visage de la sainte exprime parfaitement la douleur des souffrances et la joie céleste inspirée par la certitude d'une félicité prochaine.

Santa-Giustina, Sainte-Justine, très-belle église. On y admire un tableau de Paul Veroneza, qui représente le matyre de sainte Justine de Padoue. La grande place, qui est devant Sainte-Justine, s'appelle *Prato della Valle*. Elle est regardée comme un lieu consacré par le martyre d'une multitude de chrétiens.

A Vérone, on voit, dans la cathédrale, un beau crucifix de bronze : on y voit aussi une belle ascension du Titien. Sur le portail de l'église, on remarque des figures gothiques de Roland et d'Olivier, son compagnon d'armes. Sur l'épée de Roland, on lit ce mot, *durindara*. C'était le nom de cette épée, dont l'Arioste parle dans son poème, et qu'il appelle *durindara*.

A Venise, l'église de *Saint-Marc*, sur la place du même nom, est gothique et obscure. On y voit quatre belles colonnes torses d'albâtre. Sur le portail de l'église étaient, avant la révolution, les quatre beaux chevaux antiques de bronze, qui servirent au triomphe de Constantin. On prétend qu'ils sont du fameux Lysippe. On découvre du haut du clocher de Saint-Marc, où l'on monte facilement, une très-belle vue. Le trésor de Saint-Marc est l'un des plus riches d'Italie. On y remarque, entre autres choses, un plat d'une seule turquoise, qui a 6 pouces de diamètre, et le bonnet ducal que les doges portaient le jour de leur couronnement. Il était couvert de perles et de pierres précieuses d'une grosseur extraordinaire.

L'Église de Saint-George, située dans une île séparée de la ville. La façade en est superbe; l'architecture est de Palladio. Les femmes n'y peuvent entrer qu'avec une permission particulière. L'architecture du couvent est très-belle, et du Palladio. On découvre des fenêtres une magnifique vue : c'est là que se trouve le plus célèbre tableau de Paul Veroneza. Ce beau tableau représente les noces de Cana; il tient tout le fond du réfectoire, et l'on y distingue plus de cent vingt figures. Ce

u fut le premier tableau que Paul Véronèse fit à Venise. On observe que, parmi les musiciens qu'il a
représentés dans ce tableau, celui qui joue de la
viole est son propre portrait ; le second, qui tient
un violon, est le portrait du Titien ; le troisième,
qui joue encore du violon, est le Tintoret ; le quatrième, qui tient une flûte, est le Bassan. Ce chef-
d'œuvre est aujourd'hui au Musée des Arts à Paris.

L'Église de la Madona del Orto, la Vierge du
jardin. Elle contient quelques beaux tableaux et
des orgues estimées pour leurs peintures. Au-dessus
du grand autel est une statue colossale de saint
Christophe, faite en 1470, par Gaspard Moran-
zone, habile sculpteur : il suivit la proportion d'un
os que l'on conserve parmi les reliques de cette
église, comme étant de saint Christophe.

L'Église des Jésuites, charmante. Elle est décorée, en dedans, par une marqueterie superbe
en marbre vert et blanc. La sacristie renferme
plusieurs bons tableaux.

A Ferrare, l'église de *Saint-Benoît;* beaux tableaux. Dans cette église est le tombeau de l'Arioste ;
il est de marbre, avec un beau buste.

A Bologne, l'église de *Saint-Salvador,* très-
belle.

Église de Marie et Jésus ; beau tableau du
Guerchin, représentant la Circoncision.

L'Église des Mendians ; fameux tableau du Ca-
vedone, où l'on voit saint Alo et saint Petronio à

genoux devant l'enfant Jésus que la Vierge tient dans une gloire.

Dans l'église de *Saint-Paul*, statues célèbres de l'Algardi, représentant saint Paul à genoux, les mains liées, attendant avec résignation la mort qu'un bourreau, le sabre levé sur sa tête, est prêt à lui donner.

Dans l'église *Saint-Dominique*, massacre des innocens, du Guide. Il y a, dans la sacristie de cette église, trois statues faites avec le bois d'un cyprès que saint Dominique avait planté de sa main.

Église San-Giovanni in monte, fameuse Sainte-Cécile, de Raphaël, maintenant au Musée de Paris. On assure que ce tableau a formé l'école de Bologne, et que c'est à force de l'étudier que les Carache et leurs disciples sont devenus de si grands maîtres. Sainte Cécile écoute un concert d'anges qui se fait au ciel, dans le haut du tableau : elle a des instrumens et des livres de musique à ses pieds ; elle les a laissé tomber ; on voit qu'ils viennent de lui échapper des mains ; le concert céleste qu'elle entend lui fait perdre le goût de la musique terrestre. Cette idée est ingénieuse et sublime.

L'Église de Sainte-Agnès renferme un chef-d'œuvre du Dominiquin, le Martyre de sainte Agnès. On voit sur le visage de la sainte, à qui l'on enfonce un couteau dans la gorge, les deux expressions bien distinctes de la résignation et de la douleur. Il y a aussi dans ce même tableau un groupe de femmes qui est très-beau.

La petite ville de *Cento* est la patrie du Guerchin : elle est remplie de ses tableaux. Les anciens artistes religieux et bons citoyens se plaisaient à décorer libéralement les églises du lieu de leur naissance, et c'est pourquoi l'on trouve en Italie tant de villages embellis par les chefs-d'œuvres des grands maîtres. Il est glorieux, il est doux de pouvoir, par ses talens, illustrer le lieu chéri où l'on a reçu le jour; c'est en être le bienfaiteur. Le plus beau tableau du Guerchin qui soit à *Cento*, est dans l'église *di nome di Dio*. Il est admirable, et représente l'apparition de Jésus-Christ ressuscité à la Vierge.

A *Pesaro*, autre petite ville d'Italie, le Baroccio a fait dans l'église du Nom de Jésus, un tableau de la circoncision de Notre Seigneur, qui mérite d'être cité. La figure de la Vierge est également parfaite par la beauté, l'attitude, la grace et l'expression : elle ne regarde pas son fils; on voit qu'elle n'en a pas le courage : elle est à genoux, les mains jointes, et fait une prière; sa physionomie exprime à la fois une douleur résignée, le saisissement et la tendresse unis à tout le charme de la première jeunesse et de l'innocence; il semble que sa respiration soit suspendue.... Beaucoup de tableaux ont plus de réputation que celui-ci; mais il n'en est point qui puisse faire plus d'impression sur ceux qui, dans l'imitation de la belle na-

ture , admirent sur-tout le sentiment et la vérité.

A Parme , la *cathédrale* est sur-tout remarquable par sa magnifique coupole, le plus fameux
ouvrage du Corrége : elle représente l'Assomption
de la Vierge au milieu des anges et des saints.

La *Madona della Steccata* est la plus belle
église de Parme. Il y a de beaux tableaux.

A Parme aussi, l'église du *Saint-Sépulcre* possède un admirable tableau du Corrége, une Fuite
en Égypte : on l'appelle la *Madona della Sco-
della*, parce que la Vierge y tient une écuelle.

Église a tutti li Santi , grand et superbe tableau de Lanfranc, dans lequel il a représenté,
sans confusion, toutes les hiérarchies célestes, les
vierges, les martyrs, les anachorètes, les veuves, etc.

Dans l'église des *Capucins*, l'un des plus beaux
tableaux de l'Italie, représentant Notre-Dame de
Pitié évanouie dans les bras des anges, et Jésus-
Christ assis sur son tombeau, auquel saint Fran-
çois montre ses stigmates. Ce tableau est d'Annibal
Carache.

A Turin , les plus belles églises sont celle de
Saint-Philippe de Néri, bâtie sur les dessins du
chevalier Juvara.

La superbe chapelle du *Saint-Suaire* (ainsi
nommée d'une relique qu'on y conserve), et dans
le palais royal, est tout en marbre noir, ainsi que
la coupole découpée à jour ; ce qui produit un

effet charmant. Il est dommage que l'on ait placé autour de l'autel une balustrade en bois doré d'un très-mauvais goût.

L'Église de Sainte-Christine, dont Juvara fit le dessin en 1717. On y voit deux belles statues de le Gros, représentant sainte Christine et sainte Thérèse.

La Superga est une grande et belle église sur le sommet d'une montagne, à une lieue et demie de Turin. L'architecte de ce magnifique monument fut Juvara. On y trouve des souterrains contenant les sépultures de la famille royale.

La cathédrale de Reggio, appelée *Notre-Dame* (dans la Lombardie). Cette église est belle ; elle renferme un superbe tableau du Guerchin, qui représente un Christ crucifié, et une Madelaine et un saint qui pleurent.

La cathédrale de Modène, où se trouve *la guirlandina*, tour de marbre, l'une des plus élevées d'Italie. Dans le bas de cette tour, on montre aux curieux *la secchia rapita*, vieux sceau de bois cerclé de fer; monument historique, devenu célèbre par le poème du Tassoni.

La cathédrale de Sienne est vaste et belle ; le pavé de l'église, d'une beauté et d'une magnificence remarquables, est en marbres gris, noir et blanc, formant des tableaux très-estimés, dont les sujets sont tirés de l'Ancien Testament. On admire surtout le sacrifice d'Abraham et le passage de la mer Rouge. Les vitraux de l'église sont très-beaux, et furent peints, en 1549, par Pastorino di Giovanni Micheli de Sienne, qui apprit cet art de Guillaume Marzilla, un Français, l'un des plus grands artistes en ce genre de ce temps. La chapelle Chigi de cette église est superbe : c'est une rotonde.

Dans l'église des *Dominicains*, à Sienne, on voit un Christ très-ancien et très-estimé, par Gui de Sienne, qui devança Cimabué et Giotto, les restaurateurs de la peinture.

A Lorette, l'église de *Notre-Dame de Lorette*. Elle est belle, d'une architecture remarquable par son élégance. On y trouve des fonds baptismaux très-estimés. Ce monument fut en partie l'ouvrage du Bramante. Les portiques qui entourent la place où est l'église, ainsi que les palais du gouverneur et de l'évêque, sont d'une architecture noble et légère. Le clocher, élevé sur les dessins de Vanvitelli, sculpteur moderne, est très-beau.

Cette église contenait le plus riche trésor de l'Europe. On y trouvait le vœu fait pour la naissance de Louis XIV. C'était un ange d'argent présentant à la Vierge un enfant nouveau-né de grandeur naturelle et d'or pur. On y voyait encore une petite statue du grand Condé, représentant ce prince à genoux, les mains jointes. Il l'envoya à Lorette, après sa délivrance de sa prison. Les gens religieux aimaient à voir ce monument de l'humble piété, d'un héros aussi célèbre par la supériorité de son esprit que par ses exploits guerriers.

A *Pise*, la chose la plus remarquable est son fameux clocher. Cette tour est belle et bien décorée ; sa forme est celle d'un cylindre environné de huit rangs de colonnes posés les uns sur les autres, ayant chacun leur corniche : toutes les colonnes sont de marbre ; il y a un intervalle suffisant pour passer entre les colonnes et le mur circulaire de la cour. La hauteur de cette tour, jusqu'à la plate-forme, sans y comprendre la campanille, est de 142 pieds ; et si l'on jette un plomb de dessus la plate-forme en bas, on trouve qu'il s'éloigne de 12 pieds de la base de la tour. On croit assez généralement dans le pays, que cette inclinaison n'est pas venue d'un changement de terrain, et on l'attribue à l'intention bizarre du premier architecte. Ce clocher fut commencé en 1174, sur les dessins de Guillaume d'Almon, et terminé ensuite par deux architectes de Pise, nommés Bonanno Bonaci et Tommaco.

En *Savoie*, à Chambéry, la Sainte-Chapelle. Son portail a de la réputation ; il est orné de marbres et de colonnes.

CHAPITRE III.

ÉGLISES REMARQUABLES EN FRANCE.

'A Paris, *Notre-Dame*, gothique et très-vaste ; les tours excessivement élevées. Il faut monter 390 marches pour arriver jusqu'au haut de ces tours : de là on découvre une vue admirable. La plus grosse cloche de cette église pesait 36 milliers ; il fallait vingt-quatre hommes pour la faire mouvoir. On voyait dans cette église un très-beau tableau de Jouvenet, le Magnificat. On prétend que Jouvenet, en y travaillant, devint paralytique de la main droite ; qu'il s'étudia à peindre de la gauche, y parvint en peu de temps, et finit ainsi ce beau tableau.

La *Sainte-Chapelle*, noble et vénérable édifice qui contient l'oratoire du plus grand et du plus vertueux de nos rois, saint Louis. Qui pourrait se défendre d'un sentiment d'attendrissement et de respect, en contemplant la place où ce prince si pur et si vaillant venait implorer pour la France les bénédictions de l'Éternel ! Ce lieu, sanctifié par ses méditations et par ses prières, rappelle de si grands souvenirs ! C'est là que la misanthropie même pourrait se réconcilier avec l'espèce humaine, en pensant qu'un monarque né sur le trône sut allier la douceur à la fermeté, le courage d'un guerrier à l'amour de la paix, toutes les vertus domestiques aux qualités nécessaires dans un souverain; qu'il fit également le bonheur de son peuple et de sa famille; qu'il fut le plus grand législateur de son siècle; que non seulement il subjugua l'admiration de ses ennemis, mais qu'il obtint leur confiance, et fut choisi par eux pour l'arbitre suprême de leurs démêlés; qu'enfin, environné de tant de gloire, il fut constamment juste, accessible et populaire!.... Tant de perfection est-elle donc dans la nature? Non, sans doute; mais tel fut l'ouvrage sublime de la religion.

Les vitraux de la Sainte-Chapelle sont d'une grande beauté.

L'Église de Saint-Roch. Cette église, vue de la porte, forme une perspective fort agréable, mais elle est trop étroite pour sa longueur. On voit dans cette église un morceau considérable de sculpture par Falconet, représentant une Annonciation. La gloire, en or, et les nuages, sculptés, ne sont pas d'un bel effet; l'ange a de la noblesse, mais l'expression de la vierge est fausse : elle a moins l'air humble qu'affligé; il semble que l'ange vienne de lui annoncer un grand malheur, et qu'elle s'y résigne douloureusement. L'arcade qui laisse voir l'autel du Calvaire qui est au fond de l'église, est trop écrasée; l'idée est belle, mais exécutée mesquinement. Le Christ a les bras beaucoup trop courts. Cette église renfermait le tombeau de madame de la Live, qui mourut à vingt ans. Le sculpteur a représenté, dans un bas-relief, le Temps moissonnant une rose ; très-mauvaise allégorie, car ce n'est pas le temps qui fait périr une jeune personne. Le Temps abattant un chêne avec sa faulx, serait un emblême assez juste de la mort d'un vieillard ; mais pour madame de la Live, si l'on voulait représenter une fleur, il fallait tout simplement la faire couper par la Mort : au reste, ces idées anacréontiques sont déplacées dans ce genre. Ce n'est pas sur un tombeau qu'il est convenable de comparer une femme à une rose.

Le tombeau du cardinal de Richelieu a rendu l'église de la *Sorbonne* très-célèbre. Ce tombeau, placé maintenant dans le Musée des monumens français, est en marbre blanc, et de Girardon. Ce monument est composé de trois figures, le cardinal, la Religion qui le soutient, et la Science qui le pleure. Cette dernière figure est bien posée, et elle a beaucoup d'expression ; mais elle est d'un mauvais dessin ; elle est trop grosse et trop lourde ; le bras sur lequel la tête est appuyée, est beaucoup trop court. Les draperies de la figure du cardinal sont toutes en petits plis et très-mauvaises. La Religion n'a nulle expression. Ce monument est très-au-dessous de sa réputation, d'autant plus que la figure de la Science est entièrement copiée d'après le Poussin. Cette même figure se trouve dans l'un des sept sacremens de ce grand peintre (l'extrême-onction). Le Poussin mourut en 1665, et le tombeau du cardinal de Richelieu fut posé dans l'église en 1694.

Dans l'église de l'*Assomption*, beau plafond de Lafosse, représentant l'assomption de la Vierge.

On voyait une très-belle Visitation de Champagne, dans le couvent de ce nom, à Paris.

Dans la maison des anciens Jésuites était une Annonciation de Champagne, excellent tableau.

On voyait dans l'église du *Temple* l'un des meilleurs tableaux de le Sueur, représentant la naissance de la sainte Vierge.

L'ÉGLISE DE SAINTE-GENEVIÈVE, aujourd'hui le PANTHÉON. Le portail en est très-beau. Cet édifice est de Soufflot.

Le *Val-de-Grace*. Le dôme, peint par Mignard, a de la réputation, mais le ton de couleur en est extrêmement fade.

Dans l'église de *Saint-Nicolas du Chardonneret*, était le tombeau de la mère de Lebrun. C'est une grande urne de couleur rougeâtre, posée sur un autel. Le dessus de cette urne est renversé en arrière : on voit sortir de l'urne une femme âgée, d'une figure vénérable ; elle joint les mains, lève les yeux au ciel ; elle est enveloppée de ses linceuls, qui retombent en draperie sur les bords de l'urne. Derrière elle est l'ange du jugement, la trompette à la main. Ce monument, dont l'idée est belle et l'exécution très-bonne, est de Colignon, et se voit maintenant au Musée des monumens français, ainsi que presque tous les tombeaux qui étaient dans les églises de Paris et des environs, avant la révolution.

L'Église des Invalides. Le dôme en est superbe, mais l'église est beaucoup trop étroite et trop mesquine pour ce beau dôme. L'intérieur du dôme est peint par Jouvenet et Lafosse.

L'Église de Saint-Gervais. Son portail a beaucoup de réputation ; il est composé des trois ordres, dorique, ionique et corinthien, et construit sur les dessins de Desbrosses.

L'Église de l'abbaye de Saint-Victor est belle. La menuiserie des orgues a de la réputation. Le fameux Santeuil, poète latin, est enterré dans le cloître de cette église. On lit sur la pierre qui recouvre ses cendres, la célèbre épitaphe faite pour lui par Rollin.

On voyait dans l'église des *Carmes de la Place Maubert*, le tombeau de M. Boullonois, magistrat et auteur de quelques ouvrages estimés de jurisprudence. Ce monument mérite d'être vu ; il n'offre qu'une seule figure, celle de la Justice, en marbre blanc, sur un sarcophage de marbre brun. Cette figure est bien composée, quoique trop lourde ; mais l'idée est frappante et belle, et c'est la simplicité qui en fait tout le prix. Compliquez cette allégorie, et elle deviendra commune, au lieu que cette figure unique de la Justice fixe l'imagination sur l'idée que l'on doit avoir d'un grand magistrat, on se dit : Il fut équitable, et ce mot dit tout. Les accessoires les plus brillans ajoutés à cette composition majestueuse| ne produiraient que des distractions qui détruiraient l'effet imposant de l'ensemble ; et c'est ainsi que, dans les beaux arts, la noblesse et l'énergie naissent presque toujours de la simplicité. Ce monument fut fait à Rome peu de temps avant la révolution, par un artiste nommé Poncet.

Saint-Eustache. On y voyait le tombeau de Colbert, par Coisevox et Tuby, composition compliquée et commune. La meilleure statue de ce monument est la figure de l'Abondance. Ses draperies sont belles.

L'Église de Saint-Étienne-du-Mont. L'intérieur en est gothique et très-imposant : on y voit deux petits escaliers très-hardis par leur structure, et qui conduisent à des galeries tournantes qui forment un coup d'œil agréable et singulier. La chaire, soutenue par une figure représentant Samson ébranlant les colonnes du temple, a de la réputation, et ne le mérite à aucun égard. Samson, n'ébranlant que les petites colonnes d'un temple en miniature, ne présente point l'image de la force.

Dans le lieu nommé les *charniers*, près de cet édifice, étaient de fort beaux vitraux.

C'est dans cette église et dans le cimetière adjacent, que furent enterrés, sans aucune pompe, le grand Racine, Pascal, le Sueur, Tournefort, etc. On doit espérer que le gouvernement actuel, déjà réparateur heureux de tant d'excès, élèvera, par la suite, de superbes tombeaux sur les cendres ré-

vérées de ces grands hommes : ainsi seront ex-
piées les profanations des sépultures et de l'église.

Dans l'église des *Feuillans* étaient plusieurs
tombeaux de la maison de Rohan. Les vitraux
des cloîtres sont célèbres, ils représentent l'histoire du bienheureux la Barrière, qui vivait du
temps d'Henri III et d'Henri IV.

L'Église des Pères de l'Oratoire, belle, régulière, et d'une charmante proportion. On y voyait
le tombeau du cardinal de Bérule, fondateur de
cette maison.

Dans l'église du *Collége Mazarin* était le tombeau du cardinal de Mazarin. Ce monument, fait
par Coisevox, est d'une exécution soignée, mais
la composition en est commune et embrouillée.

L'Église de Saint-Sulpice. Elle était riche et
belle. La chapelle de la Vierge est d'un très-grand
effet ; cependant il y a deux colonnes de trop, et
qui rétrécissent ridiculement le fond. Le plafond, fait par le Moine, et retouché par Calais,
est très-beau. Dans une autre chapelle était le tombeau de l'avant-dernier curé, le savant et vertueux
Languet de Gergi. Ce tombeau, fait par Michel-
Ange Slodtz, mort en 1764, est d'une belle exécution.

Dans l'église de *Saint-André-des-Arcs* se trouvait le tombeau d'un autre curé non moins respectable, celui de M. Claude Léger, bienfaiteur
de cette paroisse. Ce tombeau, exécuté par M. De-
laitre, est d'un très-grand mérite. Il y avait encore

dans cette église, en 1787, un monument très-singulier.

Au haut de l'œuvre était un médaillon de saint André, en marbre, légué à cette église par Armand Arrouet, frère de Voltaire. Tout à côté était un autre monument représentant la Religion foulant aux pieds un cadavre ou squelette embarrassé dans son linceul, et arraché de son tombeau, sur lequel est assise la Religion. Ce monument extraordinaire a disparu, et n'est point au Musée français.

ÉGLISE DES CORDELIERS. C'était, après Notre-Dame, l'église la plus longue de Paris.

A deux petites lieues de Paris, l'église *Saint-Denis*, sépulture des rois de France. Les tombeaux les plus remarquables de cette église étaient celui de Louis XII et d'Anne de Bretagne, représentés couchés dans leur état de mort, avec une effrayante vérité; celui de François Ier et de Claude sa femme, fait par le célèbre Jean Gougeon, beau monument; le tombeau du vicomte de Turenne, par Marsy et Tuby. Le héros est représenté accompagné de la Sagesse et de la Valeur, et dans les bras de l'Immortalité. (1)

Écarter l'idée de la mort en offrant celle de l'immortalité, est une belle pensée.

A Versailles, la chapelle du château est très-belle.

____

(1) Il est aujourd'hui dans l'église des Invalides.

Celle de la *Sainte-Trinité*, dans le château de Fontainebleau, est d'un goût très-noble.

Dans l'église de *Mitry*, petit village près de Paris, on voyait, avant la révolution, un ravissant tableau de le Sueur, représentant une Annonciation. Les paysans savaient l'apprécier. M. la Grenée leur offrit d'en faire une bonne copie, et de leur donner 6000 francs de retour ; ils le refusèrent à l'unanimité.

A Soissons, l'église de *Saint-Médard*, très-intéressante par ses antiquités et les faits historiques qu'elle retrace. On y voit la prison du faible et malheureux Louis le Débonnaire. Ce qui formait sa salle des gardes, est une belle pièce sontenue par des piliers. La chambre qu'habitait ce père infortuné est obscure, petite et malsaine. Il y a dans l'église des souterrains bien bâtis et très-curieux, remplis de tombes et de petites chapelles. La cathédrale de Soissons est grande et belle.

A Saint-Quentin, l'église collégiale, grande et belle. La tribune en voûte, posée sur la porte, produit un très-bel effet.

La *cathédrale de Chartres*, d'une beauté remarquable. Peu de temps avant la révolution, on avait refait le chœur à neuf, en marbre blanc et en stuc jaune et bleu. Le clocher de cette église a beaucoup de réputation. On dit en proverbe, *clocher de Chartres, nef d'Amiens, chœur de Beauvais et portail de Reims*.

La *cathédrale de Senlis*, d'une mauvaise proportion, beaucoup trop courte. Son clocher est l'un des plus élevés de France.

La *cathédrale de Reims* en Champagne. Le trésor de cette église méritait d'être vu. On y voyait les présens que chacun de nos rois y déposait après la cérémonie du sacre. Ces présens, rangés dans un ordre chronologique, offraient une collection très-curieuse, par laquelle on voyait d'un coup d'œil le progrès des arts depuis les premiers rois jusqu'à nos jours. On remarque, dans cette église, le fameux pilier qui s'ébranle lorsqu'on sonne une certaine cloche. Ce mouvement est peu apparent ; cependant il est certain qu'en regardant avec attention, on l'apperçoit.

Cette ville possède d'autres belles églises gothiques. Durant le règne de la terreur, on eut la barbarie de détruire la plus belle, l'église de *Saint-Nicaise*, qui était un chef-d'œuvre d'élégance et de légéreté.

La *cathédrale d'Auxerre*, très-célèbre. L'architecte Servandoni la trouvait, dit-on, une des plus belles du royaume.

La *cathédrale d'Orléans*, l'une des plus belles de la France, d'un beau gothique.

La *cathédrale de Metz*. Le portail neuf est de Blondel, architecte moderne. On trouvait dans cette église une superbe cuve de porphyre de dix pieds de long, d'un seul morceau : elle servait de fonds baptismaux.

Les *cathédrales d'Amiens*, de *Beauvais*, d'*Arras*, de *Cambrai*, de *Noyon*.

La *cathédrale de Bayeux*, grande, mais de mauvais goût. On y montrait, avant la révolution, une chose très-curieuse; c'était une tapisserie faite par Mathilde, et représentant les conquêtes de Guillaume le Conquérant, son mari. (1)

La *cathédrale d'Avranches*, dans une situation admirable. Elle est posée sur plusieurs montagnes très-élevées, rangées les unes sur les autres en amphithéâtre. On trouve, sur le haut de son clocher, une plate-forme, de laquelle on découvre l'une des plus belles vues de la France.

La *cathédrale de Laon*, très-renommée. A l'extrémité de l'église des deux côtés, se trouvent des tribunes très-majestueuses. Les vitraux de l'église sont éclatans. Peu de temps avant la révolution, on avait refait à neuf le chœur, et avec beaucoup de magnificence.

La *cathédrale de Narbonne* est remarquablement belle. Le chœur est superbe. On y voit le tombeau de Philippe le Hardi, qui mourut à Perpignan l'an 1285.

La *cathédrale de Rouen*. Le portail gothique, ainsi que l'église, est d'une grande beauté, mais l'église est trop étroite pour sa longueur. La grille dorée qui entoure le chœur, est d'une extrême

---

(1) Cette tapisserie est maintenant au Musée de Paris.

magnificence. Les vitraux coloriés de l'église sont superbes. On voyait, dans cette église, les tombeaux des premiers ducs de Normandie : on y trouvait aussi la fameuse cloche de George d'Amboise, qui avait neuf pieds de diamètre.

La *cathédrale de Meaux*, d'un beau gothique et d'une excellente proportion.

La *cathédrale de Tours* n'est pas belle, mais on admire la voûte portant sur des piliers d'une extrême légéreté ; ce qui est d'une hardiesse surprenante.

La *cathédrale de Strasbourg*, majestueuse et superbe. Son clocher est le plus haut de France.

La *cathédrale de Sens*, d'un aspect très-imposant. On y trouve la chapelle où fut marié saint Louis : on y voyait sa statue portant la couronne d'épines ; elle est belle. Cette église contient les tombeaux du dauphin, fils de Louis XV; du maréchal de Muy, du chancelier Duprat, et de saint Savinien, premier archevêque de Sens; son martyre était représenté en stuc sur sa tombe. Ce monument n'est pas beau, mais il a beaucoup d'effet.

A Toulouse, l'église des *Cordeliers*, célèbre par son caveau, dans lequel les cadavres conservent leur peau et leur linceul.

A Béziers, l'église de *Saint-Félix*. On y admire la hardiesse des piliers qui soutiennent la coupole de la nef.

A Nîmes, la *maison carrée*, monument de l'antiquité du Panthéon de Rome. Il est charmant; la sculpture en est bien conservée et d'une extrême délicatesse. On a bâti dans l'intérieur une église.

A Nancy, la *Chapelle ronde*, où sont les sépultures des princes de la maison de Lorraine. Cette chapelle, en marbre noir et marbre blanc, est fort belle, mais les ornemens n'en sont pas de bon goût, et les sarcophages sont d'une mauvaise forme.

A Lyon, la *cathédrale*, grande et belle.

L'Église de Saint-Nizier, d'un excellent gothique. La voûte en est particulièrement belle par sa sculpture. Il y avait dans cette église des fonds baptismaux d'une bonne exécution et d'une composition ingénieuse. On y voyait au-dessus de la cuve, ornée d'une draperie de marbre, l'emblême de l'esprit infernal, représenté sous la figure d'un serpent de bronze enchaîné.

L'Église des Chartreux. Cette église est superbe et remplie de belles colonnes de marbre.

A Autun, la magnifique église de *Saint-Martin*.

L'Église de Notre-Dame. Le portail n'est pas beau, mais le reste de l'architecture est très-orné et du meilleur genre gothique.

A Lille, dans l'église des *Récollets*, il y avait une belle Descente de Croix, de Vandick; et dans la même ville, église des *Capucins*, un magnifique tableau sur le même sujet, de Rubens.

A Marseille, dans l'église des *Cordeliers*, se trouvait, avant la révolution, un *Ecce Homo* très-précieux par son ancienneté. On croyait qu'il avait été peint par le pieux et bon roi René, comte de Provence, cet excellent prince qui supprimait un impôt ou qui accordait à ses sujets une grace extraordinaire, lorsqu'un certain vent nuisible soufflait plus de trois jours de suite sur la Provence.

A Strasbourg, l'église luthérienne où se trouve le tombeau, en marbre, du maréchal de Saxe, par Pigalle. Ce monument est beau et bien composé.

A quinze lieues de Pau et huit de Baïonne, à Dax, sur l'Adour, se trouvent, derrière l'église de *Saint-Paul*, trois tombeaux de marbre antique, qui, à de certaines époques, se remplissent d'eau et se vident, sans qu'on puisse savoir comment s'opère ce phénomène.

La *cathédrale* de Clermont en Auvergne est belle et majestueuse, mais triste et sombre. Les vitraux en sont superbes.

L'Église de Brou, à Bourg en Bresse. On y voyait des tombeaux anciens fort intéressans.

En Flandre, à Tournay, l'église de l'*abbaye de Saint-Martin* est magnifique.

A Mons, les églises de *Sainte-Vautrude*, de *Saint-Germain* et des *Ursulines*, gothiques et très-belles. L'église de Saint-Germain offre une superbe perspective qui ressemble un peu, mais en beau, à celle de l'église de Saint-Roch, à Paris.

L'Église de l'abbaye de Vicogne, immense et superbe. L'aspect de cet édifice est véritablement imposant; il est gothique.

A Gand, la principale église est magnifique et

n'a point souffert de la révolution. Le chœur est en marbre noir et blanc. On trouve, dans cette église, plusieurs tombeaux en marbre. Le plus beau est celui d'un évêque, par Duquesnoy.

A Malines, superbe cathédrale.

A Anvers, belles églises.

A Bruges, l'église de *Notre-Dame*. Elle possédait, avant la révolution, un beau groupe de marbre blanc, de Michel-Ange, représentant la Vierge de grandeur naturelle, avec l'Enfant Jésus.

CHAPITRE IV.

L'ESPAGNE.

L'Escurial est la sépulture des rois d'Espagne. Le palais et le monastère de l'Escurial furent bâtis par Philippe II, l'an 1558. Cet édifice coûta 60 millions. On compte, dans l'enceinte de l'Escurial, 1400 portes, 1100 fenêtres, 800 colonnes, 22 cours, 17 cloîtres, etc. L'église a 360 pieds de long, sur 280 de large. Le marbre, la dorure et de beaux tableaux, la décorent. On y voit 200 pupitres de bronze doré, pour les 200 jéronimites qui, chaque jour, y chantent l'office. Le tabernacle de la principale chapelle renferme une émeraude de la grosseur d'un œuf. On voit dans cette église les tombeaux de Charles-Quint et de Philippe II. Les statues de ces deux souverains sont représentées à genoux. Chaque statue occupe le devant d'une espèce de chambre ouverte du côté de l'autel, et revêtue intérieurement de marbre noir. Ces deux monumens ont de la réputation, quoique la composition n'en paraisse ni pittoresque, ni ingénieuse. Dans l'église souterraine, sont les tombeaux des rois et des reines, dans des caveaux que l'on appelle *panthéon*. Au fond du caveau des rois et reines, est un autel avec un crucifix de marbre noir sur un fond de porphyre; tout le reste répond à cette magnificence. Des deux côtés de l'autel sont distribuées par trois étages et en différens compartimens formés par de beaux pilastres de marbre cannelé, les caisses qui contiennent les corps des rois et des reines : elles sont de bronze et d'une forme noble et simple. Dans la sacristie de l'Escurial est une belle Assomption, d'Annibal Carache. Un tableau de Raphaël, que son mérite supérieur a fait surnommer *la perle*, c'est une *sainte famille ;* une *Visitation*, du même. On trouve encore à l'Escurial dans l'ancienne église *la Madona del pez,* la Vierge du poisson, tableau admirable, de Raphaël, mais de la composition la plus extravagante. On y trouve rassemblés avec la Vierge et l'Enfant Jésus, saint Jérôme, en habit de cardinal, lisant la Bible, au moment où l'ange Raphaël conduit le jeune Tobie, qui dépose son poisson aux pieds de la Vierge. Cette dernière circonstance a fait donner au tableau le nom de *la Madona del pez.*

A Cordoue, la *Mosquée*, bâtie jadis par Abderam. Il n'existe présentement qu'une partie de la mosquée, dont on a fait une église. On y entre par 17 portes. Cette église a 510 pieds de longueur, sur 240 de large. On y trouve un grand nombre de colonnes de marbre.

La *cathédrale de Léon* est, dit-on, la plus belle de l'Espagne.

La *cathédrale de Salamanque* est superbe : elle a 315 pieds de long, et 41 de largeur.

Saragosse contient deux belles cathédrales.

La *cathédrale de Cadix* est très-belle, ainsi que celles de Valence et de Tortoze.

La *cathédrale de Tolède* est l'un des monumens sacrés le plus précieux qu'il y ait en Europe : elle remonte à la fin du 6e siècle; elle fut profanée par les Maures, et profanée par le culte mahométan, pendant près de 400 ans. Recouvrée enfin par Alphonse VI, elle conserva la forme de mosquée jusqu'au règne de saint Ferdinand, qui lui donna celle qu'elle a encore de nos jours. Toute la somptuosité des édifices gothiques y est déployée. Ses vitres sont couvertes de peintures du plus brillant coloris. Deux de ses façades sont remarquables par le fini et la variété de leurs sculptures; les stalles des chanoines sont aussi très-estimées pour leur sculpture. Plusieurs tombeaux d'anciens rois de Castille se trouvent dans cet édifice. Le cloître est très-beau, et orné de peintures qui ont de la réputation. Le trésor de l'église est un des plus riches de l'Espagne. Ses tableaux les plus renommés sont une Assomption de Carle Marate, et une vierge entourée de plusieurs saints, de Blas de Prado, peintre né à Tolède.

A l'hôpital de *Saint-Jean-Baptiste*, dont le portique, les cours, et sur-tout l'église, sont d'une grande beauté, on voit un magnifique tombeau du fondateur, le cardinal Tavera. C'est le dernier ouvrage d'Alphonse Berraguette, habile sculpteur, formé à l'école de Michel-Ange, et honoré de la faveur de Charles-Quint.

La *cathédrale de Séville*, vaste et superbe édifice gothique. On appelle son clocher la *giralda* : on y monte par un escalier en spirale et sans marches. C'est dans le chœur de cette église que se trouve le tombeau de Christophe Colomb ; il n'est désigné que par une pierre qui porte ces mots en espagnol : *A la Castille, à l'Aragon, Colomb donna un autre monde.* Celui qui fit un tel présent aurait bien mérité un monument remarquable.

La *cathédrale de Burgos* est magnifique : elle contient un superbe tableau de Michel-Ange, représentant la Vierge habillant l'Enfant Jésus.

A Madrid, l'église de *San-Isidro*. On admire son portail. La chapelle du palais est riche et belle par ses proportions ; ce qui contribue sur-tout à la magnificence de sa décoration, ce sont seize grandes colonnes de marbre noir, qui occupent toute sa hauteur, jusqu'à la frise.

L'Église de Salesas, ou de la Visitation, fondée par Ferdinand VI et la reine Barbe sa femme. Leurs cendres y reposent dans un superbe mausolée. Cet édifice est de mauvais goût, mais a coûté des sommes considérables.

A Valladolid, outre la cathédrale, les églises des *Dominicains* et de *San-Benito* méritent d'être vues.

A Salamanque, on vante l'église des *Dominicains*, la façade de l'église des *Augustins*, et l'église de *San-Marcos*.

CHAPITRE V.

LE PORTUGAL.

A Lisbonne, l'église *Patriarcale*. Elle est située sur une éminence, de laquelle on découvre une vue aussi étendue que belle. Le trésor de cette église est d'une extrême magnificence. Ce qu'on y voit de plus beau, sont neuf grands candélabres et une croix de plus de douze pieds de haut, le tout d'argent doré, orné de pierres précieuses, et d'un excellent travail. On a représenté en demi-relief, sur les candélabres, divers traits de la vie du Sauveur : on y trouve aussi des emblêmes relatifs aux conquête set aux premières découvertes des Portu-

gais. Ce fut un Italien, nommé Antoine Arrighi,
qui donna le dessin des candélabres et de la croix.
Ces différens morceaux furent exécutés à Rome
et à Florence, en 1732, et ils firent l'admiration
des artistes de ces deux villes. On dit que la façon
seule des neuf candélabres et de la croix a coûté
750 mille livres tournois. Dans la même ville,
l'église de *Lorette*, très-admirée en Portugal,
mais qui n'est qu'une imitation de l'église du même
nom qui se trouve en Italie.

A Lisbonne, encore l'église de *Saint-Roch*. Ce
qu'elle a de plus remarquable, est une petite chapelle dédiée à saint Jean-Baptiste. Cette chapelle
est d'une richesse extraordinaire. On y voit aussi
quelques bons tableaux en mosaïque. La nouvelle
église est le plus vaste et le plus magnifique édifice
de Lisbonne. On admire beaucoup le dôme de
cette église : d'ailleurs, l'architecture n'en vaut
rien ; cependant on dit que cette église a coûté
12 millions 500 mille livres tournois.

La plus belle cathédrale de Portugal est celle
de Conimbre.

CHAPITRE VI.

ALLEMAGNE.

Vienne. L'église de *Saint-Étienne*, très-ancienne et très-gothique. Sa longueur est de 342 pieds ; la largeur de 222, et la hauteur de 79 : elle a 38 autels de marbre, ornés de bons tableaux. Celui du grand autel, peint sur cuivre, est de Back. Ceux des deux grands autels de côté sont de Sandrat. On voit à l'un des piliers un *Ecce Homo*, du Corrége. Il y a dans cette église plusieurs mausolées remarquables ; entre autres, celui de l'empereur Frédéric III, mort à Linz en 1493 ; il est de marbre rouge et blanc ; le travail n'en vaut rien, mais il est infini ; la tombe est décorée de plus de trois cents petites figures. Ce monument a coûté plus de 40 mille ducats.

Le tombeau du célèbre prince Eugène est au fond de l'église, dans la chapelle de la Croix. Le trésor de cette église est riche et précieux. Sa tour est fameuse par son élévation et par le travail à jour de son sommet ; elle penche sensiblement vers le nord. Dans cette tour se trouve, avec quatre autres cloches d'un moindre calibre, l'énorme cloche appelée *Joséphine*, parce que l'empereur Joseph la fit fondre en 1711, avec une partie de l'artillerie prise sur les Turcs : ainsi les dépouilles

belliqueuses des ennemis de la religion procla-
mèrent la gloire du dieu des armées, et l'airain
meurtrier qui donna la mort à tant de chrétiens,
ne servit plus à l'avenir qu'à réunir les fidèles
dans le temple de la Paix et de la Vérité. Cette
cloche pèse 354 quintaux, non compris son bat-
tant, qui pèse 1300 livres.

L'Église de Saint-Pierre, l'une des plus belles
de Vienne, forme un ovale surmonté d'un dôme
couvert de cuivre avec une lanterne au-dessus, et
dont l'intérieur est peint par Rothmayer. Le plafond du chœur est peint par Bibiena. L'église est
décorée de beaux marbres.

L'Église des Augustins est très-magnifique :
elle renferme deux mausolées remarquables ; celui
du feld-maréchal comte de Daun, mort en 1764,
et celui du baron Van-Swieten, mort en 1772.

L'Église des Capucins, qui contient les sépultures des princes de la famille impériale. Les plus
beaux mausolées sont ceux de Léopold, de Joseph Ier, de Charles VI, de François Ier, de Marie-
Thérèse son épouse, et de Joseph II.

Les autres églises qui méritent d'être vues, sont
celle de la *Chancellerie de guerre*, celles des *Dominicains* et de l'*Université*.

L'Église de Sainte-Anne, où l'on voit, dans
la chapelle de Saint-François-Xavier, un tombeau
vide, érigé à la mémoire de ce grand missionnaire, et parfaitement semblable à son tombeau
véritable qui est à Goa.

L'Église de Sainte-Croix, décorée de tableaux de Fetti et du Titien.

Voici les autres églises fameuses de l'Allemagne.

La *cathédrale de Trente* est très-belle : elle porte le nom de *Saint-Vigile*. Les colonnes qui soutiennent la voûte sont d'une grosseur prodigieuse.

La *cathédrale de Salzbourg*, superbe : elle est, dit-on, bâtie sur le modèle de Saint-Pierre de Rome.

La *cathédrale de Passaw* passe pour la plus belle église de l'Allemagne.

La *cathédrale d'Olmutz;* celle de *Paderborn.* La *cathédrale de Magdebourg*, l'une des plus anciennes et des plus vastes de l'Allemagne : elle fut fondée par Othon le Grand. Son tombeau s'y trouve, ainsi que celui de l'impératrice Edithe, sa femme. Cette église a 400 pieds de longueur, autant de hauteur, et 110 pieds de large. L'architecte qui donna le plan de cet édifice s'appelait Bonensack. On monte aux tours de l'église par 427 degrés qui conduisent à une belle galerie, d'où l'on découvre, par un temps serein, jusqu'à 15 ou 16 lieues de pays. La sculpture gothique du portail est fort estimée. Le maître-autel et les fonds baptismaux sont de porphyre. La chaire est d'albâtre, d'un travail gothique, qui a de la réputation.

La *cathédrale de Mayence* est d'une grande magnificence. On y voit quelques beaux tombeaux. Les plus remarquables sont celui du prélat d'Ahlberg, exécuté par le statuaire Melchior, et celui du comte de Lamberg, qui fut tué à la tête des troupes impériales. Ce général est représenté tenant de la main droite le bâton de commandant, et de la gauche, ouvrant son tombeau. On retrouve la même idée dans le tombeau du maréchal de Saxe, fait par Pigalle. Il y avait dans cette église un beau trésor.

La *cathédrale de Lubeck* est vaste et belle.

A Hambourg, l'église de *Saint-Michel*. Cet édifice moderne n'est remarquable que par l'argent qu'il a coûté. L'architecture n'en vaut rien. L'église souterraine est assez belle dans son genre.

A Berlin, l'église où se trouve le beau mausolée du jeune comte de la Marck, par M. Schadow, sculpteur moderne, plein de talent et de génie. Ce tombeau, de marbre blanc et d'une grande composition, présente un ensemble imposant et de très-beaux détails. Le jeune comte, à peine dans l'adolescence, est couché sur son cercueil. Sa figure est ravissante ; il paraît goûter le charme d'un sommeil profond et paisible ; l'artiste a pensé que la mort et l'innocence ne devaient offrir que la douce image d'un calme parfait. Cette idée est belle et supérieurement rendue dans ce monument.

Une autre église à Berlin, celle de la *Garnison,* est célèbre dans cette ville, par les tableaux de Rode ; mais ces tableaux sont fort médiocres.

En Silésie, l'église paroissiale de la ville de

Neisse est admirée pour la hardiesse de la construction de sa voûte.

A Schleswig, capitale du Holstein, se trouve, sur le bord de la Schley, une petite église remarquable, en ce qu'elle passe pour être la première église chrétienne bâtie dans le Nord : elle n'a d'ailleurs rien de curieux, parce qu'elle a été rebâtie plusieurs fois. Dans cette ville, il faut voir, dans la grande église, les tombeaux en marbre des anciens ducs de Holstein.

CHAPITRE VII.

LA SUISSE ET LE NORD.

EN Suisse, à Indelbank, près de Berne, l'église où se trouve le tombeau de madame Lagnans, qui mourut en 1775, en donnant le jour à un enfant qui ne lui survécut que quelques minutes. M. Craal, sculpteur allemand, fut chargé de faire le tombeau qui devait renfermer la mère et l'enfant. Il imagina de représenter madame Lagnans au moment de la résurrection. Après avoir creusé dans l'église une espèce de fosse assez profonde pour contenir une statue de grandeur naturelle, il posa sur cet enfoncement une grande pierre fendue inégalement d'un bout à l'autre, et formant un vide qui laisse voir la jeune femme couchée dans son cercueil ; elle paraît se réveiller ; elle tient son enfant d'une

main, et de l'autre elle soulève une pierre détachée qui touche encore sa tête ; la noblesse, la candeur et l'innocence de sa figure, la joie pure et céleste qui brille sur son visage, donnent à sa physionomie une expression aussi touchante que sublime. Il ne manque à ce tombeau que d'être exécuté en marbre. L'épitaphe est digne du monument : elle est écrite sur la pierre, et, malgré les
larges fentes qui coupent l'écriture, on peut la lire
aisément ; elle est écrite en allemand : on y fait
parler madame Lagnans. En voici la tradition
littérale :

« J'entends la trompette ; elle pénètre jusqu'au
« fond des tombeaux. Réveille-toi, enfant de dou-
« leur ; le Sauveur du monde nous appelle, l'em-
« pire de la mort est détruit ; une palme immortelle
« va couronner l'innocence et la vertu.

« Seigneur, me voilà avec l'enfant que tu m'as
« donné. »

Le tombeau de la mère de le Brun, à Paris, offre
le fond de cette idée, mais la composition en est
infiniment moins frappante, quoique fort belle
aussi.

La *cathédrale de Fribourg* est la plus belle de
la Suisse.

CHAPITRE VIII.

LA HOLLANDE.

A Delft, l'église *Neuve*, dans laquelle on trouve le tombeau de Guillaume Ier, assassiné à Delft. Ce monument, placé sous une petite colonnade, est en bronze et en marbres blanc, noir et grisâtre. Dans la même ville, l'église *Vieille*. On y voit le tombeau de l'amiral Tromp, mort en 1655. Ce héros est représenté couché sur un gouvernail de navire ; sa tête repose sur un canon ; il est environné de trophées.

CHAPITRE IX.

LA POLOGNE, LE DANEMARCK, LA SUÈDE ET LA RUSSIE.

En Pologne, la *cathédrale de Cracovie* est antique et belle : elle est dédiée à saint Stanislas, patron du royaume. Presque tous les rois de Pologne y sont enterrés. C'est là que se trouve la sépulture de Casimir le Grand, que la noblesse polonaise surnomma, par dérision, le roi des paysans. Quel temps que celui où ce surnom si beau, si glorieux, pouvait paraître une épigramme piquante ! On

voit dans cette même église le tombeau de Sigis-
mond Auguste, le dernier de la maison des Jaghel-
lons, et celui du grand Jean Sobieski.

En Suède, la *cathédrale d'Upsal* contient une
grande quantité de tombeaux des rois de Suède.
C'est là que sont déposés les restes vénérables de
Gustave Vasa. Ce monument en marbre, dans
une chapelle entièrement construite en marbre, n'est intéressant que par les souvenirs qu'il
rappelle. Dans cette même église, un monument
magnifique est élevé à Catherine Jaghellon, princesse polonaise, épouse du roi Jean III. La sacristie contient diverses reliques et quelques monumens curieux par leur ancienneté. On y montre
un vieux tronc d'arbre grossièrement sculpté,
dont le sommet représente l'ébauche d'une tête
humaine. On lui donne le nom d'image du dieu
Thor, adoré jadis dans ces contrées.

La *cathédrale* de la ville de *Lund*, en Suède,
renferme une église souterraine assez curieuse.

En Danemarck, la *cathédrale de Roschild* est
remplie d'anciens tombeaux des rois. On y voit le
tombeau de la célèbre Marguerite, surnommée
la Sémiramis du Nord. Ce monument est de pierre,
peint en noir ; il est orné da la statue de la reine,
faite d'albâtre et de grandeur naturelle. On admire,
dans cette église, les tombeaux de Chrétien III et
de Frédéric II. Ces tombeaux ont été faits en Italie,
par les ordres de Chrétien IV. On les regarde
comme de très-beaux monumens de sculpture. Les

statues des deux souverains y sont de grandeur naturelle : on estime particulièrement les bas-reliefs
qui sont autour du mausolée de Frédéric II, et qui
représentent les batailles gagnées par ce prince. Il
semble qu'il y ait peu de convenance, et par conséquent peu de goût, à représenter ainsi sur des
pierres sépulcrales des exploits belliqueux. Est-ce
dans le sanctuaire du Dieu de paix que l'on doit
retracer l'image affreuse des combats et du carnage ? La tombe, ce dernier asile, ne doit être décorée que par l'emblême de la vertu : c'est là que la
haine s'éteint sans retour, que l'ambition s'anéan-
tit dans la poussière; c'est là que l'auguste Religion ne compte et n'immortalise que les actions
bienfaisantes.

Dans le même royaume, la *cathédrale d'Oden-
sée* n'offre de remarquable que quelques tombeaux
de rois. C'est là que fut enterré le cruel et malheureux Christiern II, qui eut l'affreux surnom de Néron du Nord, et qui mourut en 1559, âgé de 78
ans.

On trouve, dans la principale église de la ville de
Ringstad, plusieurs tombeaux des rois de Danemarck.

En Russie, la *cathédrale de Saint-Michel*, à
Moscow, contient beaucoup de tombeaux de rois.
Ces sépulcres, la plupart en briques, sont en
forme de cercueils, et hauts d'environs deux pieds;
ils sont presque tous recouverts de tapis de ve-
lours ou de drap rouge, quelques-uns ornés de

franges d'or et d'hermine. Dans les grandes fêtes, on les recouvre d'étoffes d'or et d'argent, brodées de perles et de pierreries. Tous les czars ont été enterrés dans cette église jusqu'à la fin du 17e siècle. La religion grecque n'admet point de sculpture dans les églises, s'en tenant à la lettre du précepte, *Tu ne feras point d'images taillées ;* mais les canonistes grecs permettent d'ailleurs l'usage de la peinture. Les cloches sont suspendues à des tours séparées des églises, et attachées à des poutres, en sorte qu'on ne les met pas en branle comme chez nous, mais qu'on les sonne en frappant avec des battans au moyen d'une corde. Quelques-unes de ces cloches sont d'une grandeur étonnante. Il y en a une, dans la cathédrale de Moscow, du poids de 432,000 livres ; cloche qui, par conséquent, est la plus grande qui existe : elle a 19 pieds de haut ; sa circonférence, en bas, est de 21 verges 11 pouces ; sa plus grande épaisseur est de 23 pouces.

Dans ces églises grecques, le sanctuaire est séparé de la nef par ce qu'on appelle l'*iconastus ,* espèce de grand paravent, qui est ordinairement la partie la plus ornée de l'église. Dans le centre est une porte à deux battans, nommée *la belle porte* ou *la porte sainte et royale,* par laquelle on entre dans le sanctuaire : c'est là qu'est la sainte table, au-dessus de laquelle est un dais supporté par quatre petites colonnes ; à ce dais est suspendu un Saint-Esprit. Une croix est toujours étendue sur la sainte table, ainsi que l'Évangile. Il n'y a

point de siéges dans les églises russes, les cérémonies du culte des Grecs exigeant que tout le monde
reste debout pendant l'office. Il y a encore à Moscow une église cathédrale, celle de l'*Assomption
de la Vierge* : c'est la plus magnifique église de
Moscow. L'enceinte du sanctuaire est en partie
couverte de plaques d'argent et d'or. Les vases sacrés et les vêtemens épiscopaux sont excessivement
riches. Cette église a servi long-temps à la cérémonie du couronnement des czars, et c'est là que
sont déposés les corps des patriarches russes. On
compte à Moscow plus d'un millier d'églises et de
chapelles. Dans ce nombre, il s'en trouve 199 en
briques; les autres ne sont construites qu'en bois.
Les premières sont ordinairement peintes en blanc
et ornées de plâtre ou de stuc; les dernières sont
peintes en rouge. Les plus anciennes églises de
Moscow sont communément des bâtimens carrés,
avec une coupole et quatre petits dômes, dont
quelques-uns sont de cuivre ou de fer doré; quelques autres de fer peints en vert ou sans couleur.
Tous ces dômes donnent à la ville un aspect brillant et extraordinaire. Les croix qui les surmon-
tent ont une forme un peu différente des nôtres;
quelques-unes ont un croissant sous la barre infé-
rieure. Le docteur Kink explique ainsi cet usage :
Quand les Tartares, dit-il, qui, pendant deux siècles, ont été maîtres de la Moscovie, changeaient
les églises chrétiennes en mosquées, ils y fixaient
le croissant, symbole du mahométisme. Le grand

duc Ivan Bazilavitch, ayant chassé les Tartares, rendit les églises aux chrétiens, et planta une croix au-dessus du croissant, comme un trophée de sa victoire.

A Novogorod, la *cathédrale de Sainte-Sophie* est une des plus anciennes églises de Russie : elle a été commencée en 1044, par Uladimir, duc de Novogorod, et achevée en 1051. Plusieurs princes de la famille des czars sont enterrés dans cette cathédrale.

La belle *cathédrale de Saint-Pierre et Saint-Paul* est à Pétersbourg. L'architecture n'en ressemble point à celle des églises grecques ordinaires : au lieu de dôme, elle a un clocher de cuivre doré, qui est élevé de 240 pieds au-dessus du sol. Les décorations intérieures sont beaucoup plus simples et plus élégantes que celles des églises de Novogorod et de Moscow. Les peintures sont dans le goût des écoles d'Italie. C'est dans cette église que sont enterrés Pierre le Grand et ses successeurs, excepté Pierre II, qui l'est à Moscow, et l'infortuné Pierre III, dont on fit transporter le corps dans le couvent de Saint-Alexandre Neuski. Ces tombes sont de marbre et de la forme de celles de Moscow et de Novogorod. Près des cendres de Pierre Ier reposent celles de sa seconde femme, Catherine Ire. Dans une voûte de cette église est aussi enterré, sans monument et sans inscription, le malheureux Alexis, fils de Pierre Ier. Toutes les tombes de cette église, à l'exception d'une seule, portent des épitaphes en langue russe.

CHAPITRE X.

ANGLETERRE.

La *cathédrale d'Yorck* passe pour la plus belle de l'Angleterre. Il y a dans cette église des ouvrages en tapisserie, faits à l'aiguille, par une femme, miss Moret. Ce sont des copies de bons tableaux, exécutées d'une manière supérieure.

La *cathédrale de Salisbury* est aussi très-belle. Son clocher est le plus haut de l'Angleterre.

La *cathédrale de Windsor* est d'un beau gothique. Les vitraux, coloriés en sont superbes.

La *cathédrale de Norwich* est aussi très-renommée.

La *cathédrale de Glocester*. On y voit le tombeau d'Édouard II.

La *cathédrale de Worcester*. On y trouve le tombeau du prince Arthur, fils aîné d'Henri VII, et premier mari de Catherine d'Aragon, et le tombeau de la fameuse comtesse de Salisbury, en l'honneur de laquelle, suivant les romanciers, et même quelques historiens, Édouard III institua l'ordre de la Jarretière. Ce monument a de la réputation, mais la composition en est bizarre. On y voit des statues de pierre, représentant des anges qui jettent des jarretières sur le tombeau. Il est inutile de remarquer combien il est ridicule de rappeler sur une tombe une anecdote de ce genre.

La *cathédrale de Lincoln*. On y voit la plus grande cloche de l'Angleterre. Cette cloche est nommée *tom of Lincoln*.

La *cathédrale de Chichester*, assez belle.

La *cathédrale de Cantorbéry*, gothique et superbe dans son genre, est d'une longueur immence. Si l'orgue et des chapelles n'en masquaient pas l'étendue, elle offrirait un coup d'œil surprenant. C'est là que se trouve le tombeau de l'archevêque Becquet, saint Thomas de Cantorbéry. Ce n'est qu'une large pierre en mosaïque : on montre l'endroit où il fut assassiné.

On voit aussi, dans cette église, le tombeau du fameux prince de Galles, surnommé le *prince noir*. Au-dessus de la tombe est un trophée plus intéressant que ne pourrait l'être le meilleur ouvrage de sculpture; il est formé du casque que ce héros, dit-on, a porté, de ses gants, de ses éperons, etc.

La *cathédrale de Winchester*, l'une des plus vastes et des plus belles de l'Angleterre.

Dans la ville de *Saint-André*, ville déchue, et jadis capitale de l'Écosse, on trouve les ruines vénérables d'une ancienne cathédrale qui était vaste et magnifique

Toutes ces cathédrales sont gothiques. Cette espèce d'architecture paraît convenir particulièrement aux églises ; les défauts même de proportion que l'on remarque dans les frêles colonnes qui en soutiennent les voûtes, outre qu'ils offrent à l'œil quelque chose de hardi qui peut plaire, font paraître beaucoup plus vastes ces vieux édifices, qu'ils ne le sont effectivement, et l'étendue toujours majestueuse est sur-tout imposante dans une église. C'est là que le cœur et l'imagination apportent l'idée de l'infini, et que la vue s'égare et se perd avec plaisir sous des voûtes immenses et sous des cloîtres obscurs que rien ne semble borner : d'ailleurs ces formes alongées et pyramidales du gothique ont quelque chose de noble et de mélancolique, qui convient parfaitement au genre religieux.

Londres. *Westminster*, antique et vaste édifice, renfermant, outre la grande église, plusieurs chapelles. Celle d'Henri VII est la plus belle de toutes. Les tombeaux dont cette église est remplie sont des monumens d'autant plus intéressans, qu'ils ont été élevés par la nation reconnaissante, ou par la piété filiale, l'amour maternel et l'amitié. Toutes les épitaphes écrites en anglais expriment des sentimens touchans et vertueux, ou rappellent de grands souvenirs : on parcourt cette majestueuse enceinte avec un sentiment de respect ; l'œil se repose avec attendrissement sur le tombeau des héros, et sur-tout sur celui de l'homme de bien : on aime à penser qu'il est enfin à l'abri des complots et des injustices de la haine et de la calomnie !.... Nos faiblesses et nos erreurs sont ensevelies dans la tombe, et la pierre qui la recouvre ne retrace que nos vertus. L'auguste Religion, la Justice, la Paix et la douce Indulgence, réfugiées autour des sépulcres, jettent un éclat céleste et consolateur dans cet asile de la mort; et c'est là que l'ame sensible et religieuse ranime ses espérances et se livre aux méditations les plus sublimes.

Voici la description des principaux monumens de Westminster.

Le tombeau, en marbre, de la comtesse Nigtingale, morte à 20 ans. Ce monument, de Roubillac, sculpteur français, fut élevé par le comte de Nigtingale. La comtesse est représentée mourante dans les bras de son mari. Sa figure est intéressante. On voit la mort au pied du tombeau; elle tient un dard, et s'élève pour en frapper la jeune personne. Le comte apperçoit la mort, la fixe avec horreur, et cherche à la repousser. L'allégorie eût offert une idée plus délicate et plus naturelle, si le comte, au lieu de regarder la mort, eût détourné la tête, en tâchant de la repousser. La figure du comte ne vaut rien; celle de la mort n'est pas sans mérite; elle est bien drapée, mais son attitude est ridicule, ainsi que son dard, qui d'ailleurs est inutile. On ne doit donner à la mort d'autre action que celle de se montrer : on affaiblit cette allégorie en la compliquant. Au reste, le fond de l'idée de cette composition est pris du tombeau d'Alexandre VII, par le Bernin. (*Voyez* au commencement de cet ouvrage Saint-Pierre de Rome.)

Dans la chapelle d'Henri VII, le tombeau de Marie Stuart et le tombeau de lady Walpole, monument moderne, d'un beau travail, fait en Italie, et élevé par son fils, le célèbre Horace Walpole.

Le tombeau du fameux duc de Bukingham, guerrier, homme de lettres et ami du pape. On trouve sur sa tombe ces mots : *Fort my king often, fort my country ever.* (1)

Ce fut lui qui érigea un tombeau à Driden, sur lequel il fit graver, pour toute épitaphe, ce mot, *Driden*. Driden est sans doute un auteur justement célèbre ; mais pour que cette épitaphe fût véritablement belle, il fallait un nom tel que celui de Newton, ou les noms de Milton et de Shakespeare.

Dans le chœur de l'église est le tombeau du général Wolfe, tué à Québec en 1759. Ce monument est très-magnifique. Il fut élevé par le roi et par le parlement.

Le tombeau du poète Gray, mort en 1771, est du meilleur goût de dessin. Le sculpteur a représenté la muse de Gray en demi-relief et de grandeur naturelle, tenant contre son sein le buste en médaillon de Gray. Cette figure, assise, ou, pour

---

(1) *Pour mon roi souvent, pour mon pays toujours.* Cette épitaphe est remarquable en ce qu'elle marque parfaitement que l'Angleterre n'est ni une monarchie, ni une république. Dans les véritables monarchies, on ne saurait séparer le souverain de la patrie ; servir l'un, c'est servir l'autre.

mieux dire, *accroupie*, a beaucoup de grace ; mais cette composition profane est bien peu convenable pour un tombeau ; et, sans convenance, rien n'est ingénieux.

Le tombeau de Shakespeare, élevé par une souscription publique. Sa richesse fait honneur à la libéralité anglaise, mais son exécution ne doit pas immortaliser le sculpteur.

Le tombeau de James Thomson. Ce grand poète est représenté tenant un livre d'une main, et de l'autre le bonnet de la liberté. Il mourut en 1748, et ce tombeau ne fut élevé qu'en 1762.

Le tombeau de John Gay, poète. On a eu le mauvais goût d'orner son tombeau d'attributs profanes, entre autres, de masques.

Le tombeau d'Olivier Goldsmith, auteur charmant, également brillant et moral, mort en 1774. Il est dit, dans l'inscription, que la fidélité de ses amis et la vénération de ses lecteurs ont élevé ce monument.

Le tombeau de William Hargrave, l'un des plus beaux de cette église. Il est de Roubillac, et représente l'instant de la résurrection. William Hargrave s'élève du cercueil ; sa figure est belle ; elle a une expression frappante de dignité, de hardiesse et d'étonnement. A côté de lui, *le Temps détruit la Mort*, en brisant son dard, idée qui ne pouvait être autrement exprimée. Au-dessus de cette composition se trouve une grande masse de bâtimens qui paraît s'écrouler, et un chérubin, environné de nuages, sonne de la trompette. William Hargrave mourut en 1748.

On estime beaucoup encore le tombeau de George Wade, autre guerrier, mort aussi en 1748. Le sculpteur a représenté la Renommée repoussant le Temps, qui veut abattre les trophées du mort, posés sur une colonne. Cette idée ingénieuse paraîtra plus belle dans deux ou trois cents ans; il semble que la date, si récente de la mort, nuise à sa justesse.

Le tombeau du général Lawrence, mort en 1775. Ce monument est très-riche, et fut élevé aux frais de la compagnie des Indes.

Le tombeau de William Pitt, comte de Chatham, érigé aux frais du roi et du parlement, très-magnifique. Le sculpteur s'appelle M. Bacon. Le comte de Chatham mourut en 1778.

Tombeau de l'amiral Warren, mort en 1752. Ce monument est fort beau et de Roubillac.

Tombeau d'une belle exécution du grand Newton. Ce grand homme mourut en 1726. (1)

Le tombeau du comte Stanhope est estimé des connaisseurs.

Le tombeau du célèbre Cook. Il faut en louer l'idée d'y avoir placé une figure de sauvage qui pleure; c'est un hommage ingénieux rendu à la

---

(1) La statue de Newton est à l'université de Cambridge. Cette statue, de Roubillac, est de la plus grande beauté.

mémoire de ce voyageur bienfaisant, qui traita les sauvages comme des amis et des frères : d'ailleurs, cette figure est bonne, mais tout le reste ne vaut rien, et sur-tout une figure de la Renommée, ridiculement dessinée.

Le tombeau d'une jeune personne, miss Whydele, petit monument érigé par sa sœur, et dont l'idée est douce et agréable. Deux figures, demi-nature, représentant l'Innocence et la Paix, posent une urne sépulcrale sur une colonne. Ces figures sont bien dessinées, et sur la colonne sont écrits ces mots : *L'Innocence et la Paix.*

C'est dans cette église que l'on voit la pierre sous laquelle sont les cendres de Guillaume Parr, mort en 1635, âgé de 152 ans. Il avait vécu sous les règnes successifs de dix princes.

L'Église de Saint-Paul. L'architecture de Christophe Wren est belle : c'est, en petit, une imitation de Saint-Pierre de Rome; mais il manque à cet édifice une place d'où l'on puisse le considérer. L'étendue de cette église doit étonner tous ceux qui n'ont pas vu Saint-Pierre de Rome : elle ne fut achevée qu'en 1725. Si dans cette église on pose l'oreille contre un certain endroit de la muraille, dans la galerie du dôme, on entend ce qui se dit à voix basse au lieu le plus éloigné de cette galerie.

L'Église de Saint-Stéphen Walbrook, faite aussi par Christophe Wren. Quique cette église ne soit pas vaste, l'intérieur en est d'une beauté admirable; toutes les formes en sont singulières et n'ont rien de bizarre. Cet édifice est un chef-d'œuvre par sa proportion et par son élégance.

C'est dans la petite église de *Sainte-Bride* que se trouve le tombeau de Richardson, qui n'est autre chose qu'une pierre au milieu de l'église, et sur laquelle est son nom et l'anuée de sa mort, sans aucun éloge.

La chapelle de l'hôpital royal des Invalides matelots à Greenwich, près de Londres. Cette chapelle fut détruite par le feu en 1779 : elle a été rebâtie depuis, et avec beaucoup de magnificence. On en fit l'ouverture, et l'on prêcha un sermon sur le naufrage de saint Paul à l'île de Malte, le 20 septembre 1789. On voit, dans le vestibule, quatre niches contenant les statues de *la Foi*, de l'*Espérance*, de *la Charité* et de *la Douceur*. De ce vestibule on monte quatorze marches et on entre dans la chapelle qui a 111 pieds de long et 52 de large : elle peut contenir à l'aise mille personnes sur les bancs, sans compter les *prie-Dieu* pour les directeurs, officiers, etc. Sur la grande porte de la chapelle est écrite, en lettres d'or, cette belle et touchante inscription : *Let them give thanks whom the Lord hath redeemed and delivered from the hand of the ennemy.* Ps. 107 (1). Les portes battantes sont de bois d'acajou, rehaussées en or. Ce portail est orné de 6 colonnes de marbre blanc

---

(1) Qu'ils offrent leurs actions de graces, ceux que le Seigneur a rachetés et délivrés de la maiu de l'ennemi.

d'un seul jet : elles sont de l'ordre ionique, et elles
ont 15 pieds. Ces colonnes supportent l'orgue. Le
haut de la chapelle est entouré, dans tout son
pourtour, d'un balcon en galerie. La chaire de la
chapelle a la forme d'un temple en rotonde, supporté par des colonnes. Le dessin en est joli, et les
sculptures précieuses; mais un temple en miniature, quelque bien exécuté qu'il puisse être, ne
saurait avoir l'air que d'un petit modèle. Au bout
de la chapelle, en face de la grande porte, est un
excellent tableau de West, représentant le naufrage de saint Paul. Ce tableau est bien composé,
d'un dessin très-pur et d'un beau ton de couleur;
il a 25 pieds de haut et 14 de large. Les Anglais ont
une vive admiration pour cette chapelle; ils la regardent comme un chef-d'œuvre. Il est vrai qu'il y
a beaucoup d'élégance et de richesse dans les ornemens, du goût dans le choix des sujets exécutés
en sculpture et en peinture; et, ce qui mérite
aussi d'être loué, c'est que l'application des inscriptions est heureuse et juste, mais l'ensemble de
cet édifice est mesquin et manque de noblesse; défaut d'autant moins excusable, que cette église est
grande, car il est beaucoup plus difficile de faire
une petite chapelle qu'une vaste église, parce qu'il
faut toujours qu'un tel monument ait une sorte de
majesté. Si l'aspect n'en est pas imposant, l'effet
principal est manqué, le vrai mérite du genre ne
s'y trouve pas. Une chapelle qui ne ressemble qu'à
un beau salon, n'est point un bel ouvrage; le plan

n'en vaut rien ; il faut donc rejeter les ornemens qui peuvent donner cette ressemblance profane, et presque tous les ornemens de la chapelle de Greenwich offrent cette disconvenance, entre autres, les portes de bois d'acajou, chargées d'élégantes dorures. Ces portes seraient charmantes dans un palais ; elles déplaisent dans une chapelle. (1)

La chapelle de *Windsor* mérite d'être vue : elle est sur une terrasse, dans la plus belle situation ; elle contient les tombeaux d'Henri VIII, de Jeanne Seymour, Charles Ier, etc. Henri VI est enterré dans le chœur de l'église.

A Cambridge, *king's chapel*, la chapelle du roi. C'est l'édifice gothique le plus parfait pour l'élégance, la légéreté et la hardiesse, qui soit en Angleterre, et peut-être en Europe. Sa longueur extérieure est de 316 pieds ; sa largeur de 84. Les fenêtres, au nombre de 27, sont décorées de belles vitres coloriées, excepté celle du bout, dont le vitrage est blanc. C'est une grande fenêtre cintrée qui fait un fort bon effet. L'extérieur de la chapelle est très-beau, et l'intérieur admirable

---

(1) Voici l'étymologie du mot *chapelle*. Les rois de France et leurs généraux avaient coutume de porter à la guerre la cape de saint Martin de Tours, qui avait été soldat. Comme ils faisaient dire la messe dans la tente où était cette cape, on appela *capelle* ou *chapelle*, le lieu où l'on gardait cette relique, et *chapelain* celui qui y disait la messe.

dans son genre. Les gens de l'art trouvent dans la construction de la voûte une hardiesse étonnante. Tous les ornemens et toutes les sculptures de cette chapelle sont d'un fini précieux et d'un goût exquis. Il est dommage que cette belle église soit coupée dans le milieu par une cloison de bois sur laquelle on a mis un orgue. Cet ouvrage, parfaitement bien sculpté, fut fait en 1534, du temps d'Anne de Boulen. On a représenté sur cette boiserie plusieurs lacs d'amour, et les armes d'Anne de Boulen, unies à celle d'Henri VIII. Sur l'un des panneaux, on voit un petit morceau de sculpture en bois, qui représente les anges rebelles précipités du ciel. Ce morceau est estimé. Dans le temps où le culte catholique fut proscrit eu Angleterre, les protestans fanatiques brûlaient les tableaux des églises catholiques, et souvent les églises mêmes; ils brisaient les statues, les vitraux; ils mutilaient les tombeaux; on eut beaucoup de peine à sauver de leur fureur cette superbe église *king's chapel*. Dans tous les temps, l'enthousiasme du peuple n'a produit que des folies, des excès destructeurs et des crimes; tout mouvement passionné l'égare, et peut l'entraîner dans les crimes les plus déplorables; il faut le contenir, et non l'exalter; et c'est à quoi l'on ne parviendra jamais solidement, qu'en lui donnant une instruction véritablement chrétienne, en le nourrissant des maximes sacrées de l'Évangile, de ce livre divin, qui commande à tous les hommes la plus utile des vertus humaines, la modération.

L'Église de Twickenham, aux environs de Londres. On y trouve un monument remarquable de reconnaissance. C'est la tombe de Marie Beach, qui prit soin de l'enfance du célèbre Pope. Ce grand poète érigea ce tombeau à la mémoire de cette servante, avec l'épitaphe la plus touchante : C'est trop souvent la vanité qui fait honorer la mémoire des bienfaiteurs illustres ; mais c'est le cœur seul qui rend hommage aux bienfaiteurs obscurs.

Dans cette même église se trouvent les tombeaux du père et de la mère de Pope, qui, par cette raison, demanda, par testament, à y être enterré. Le docteur Warburton lui fit élever, à ses frais, un beau tombeau dans cette église.

A Oxford, l'église *Newcollege*. Il y a des vitrages superbes, quoique modernes, peints par le chevalier Reynolds. Ces vitres sont assez grandes pour qu'on ait pu y peindre des figures de grandeur naturelle. La plus belle de ces figures est l'Espérance : elle est tournée de manière à ne laisser voir que son dos et le raccourci de son profil ; sa tête est élevée ; elle regarde le ciel, et tend les bras vers des nuages. Il y a quelque chose de sublime dans le vague de cette idée, qui convient parfaitement au sujet.

Dans le comté de Sommerset est Ilminster, ville fameuse par sa *magnifique église*, dans laquelle on trouve un beau tombeau, celui de Nicolas

Wadham et Dorothée sa femme, fondateurs d'un collége.

L'Église de Derby, nommée *de tous les Saints.* Elle a une belle tour gothique, très-célèbre par son élégance et ses ornemens. Cette tour a 178 pieds de haut.

Grantham est une ville fameuse aussi par son haut clocher, que l'on prétend être incliné par sa construction, mais singularité beaucoup moins marquée que celle du même genre du clocher de Pise et de la tour Garisende, en Italie.

A Bath, l'église de *Saint-Pierre et Saint-Paul,* qu'on appelle aussi l'*Abbaye.* Elle est vaste et gothique, et contient un grand nombre de tombeaux anciens et modernes, ayant des inscriptions qui sont presque toutes intéressantes. On y voit une tombe emblématique, remarquable par la justesse et la simplicité de l'idée. C'est un tombeau de Robert Walsh, dernier rejeton de sa famille; ce qu'on a exprimé par une belle colonne brisée.

Dans la province de Dorset, à Sherborne, se trouve une fort belle église gothique, remplie de vieux tombeaux. On y voit aussi une énorme cloche donnée par le fameux cardinal Volsey, avec une inscription, mais de mauvais goût, quoiqu'elle soit citée comme ingénieuse dans quelques descriptions. (1)

----

(1) La voici :- *By Wolsey's gift I measure time for all to*

En Écosse, à Édimbourg, le palais nommé *Holyrood House*, peut être appelé *l'Escurial* de l'Écosse, étant un palais royal et une abbaye fondée par le roi David Ier. Ce palais, dont l'architecture est célèbre, fut bâti par William Bruce le Wren, de l'Écosse, et qui vivait sous le règne de Charles II.

CHAPITRE XI.

TURQUIE.

En Turquie, l'église de *Sainte-Sophie*, jadis chrétienne. Anthémius et Isidore furent les architectes de cet ancien édifice. (*Voyez* pour les dimensions l'article Saint-Pierre de Rome.) Cette église, outre la grande coupole, a deux grands demi-dômes, et six moins considérables. Son extérieur n'a rien d'agréable; l'intérieur en est majestueux et très-magnifique. C'est aujourd'hui une mosquée.

Dans l'île de Chio, on trouve une fort belle église, celle de *Sainte-Victoire*.

A Constantinople, on voit encore de très-beaux débris d'anciennes églises chrétiennes. La plus par-

---

mirth, to grief, to churd I serve to call. Par le don de Volsey, je mesure le temps pour tous; je sers à appeler à la joie, à la douleur, à l'église.

faite est celle de *Saint-Studius*, bâtie par Léon Ier, où l'on trouve plusieurs colonnes d'ordre corinthien, en marbre serpentin ; celle qui était dédiée par Altianare Ier au Sauveur et aux douze apôtres : les murailles en sont incrustées de beaux marbres.

L'ÉGLISE DE SAINT-JEAN-BAPTISTE et l'ÉGLISE DE TOUS LES SAINTS, originairement.

L'ÉGLISE PATRIARCALE, avec quatre grands dômes, etc. La Salymanie est encore une mosquée de Constantinople, qui fut construite en 1566, par Soliman II, avec les matériaux de la grande église de Saint-Euphémie de Chalcédoine. Cette église était célèbre par son architecture. C'est dans sa nef que se tint le concile qui condamna Eutichès ; six cent trente évêques y étaient rangés.

CHAPITRE XII.

LES CHARTREUSES.

EN Italie, la *chartreuse de Saint-Martin*, hors des murs de Naples, est la plus magnifique qui existe. L'église est dans le goût moderne ; elle a été décorée sur les dessins du cavalier Fanzago ; sa richesse est extrême, mais son plus bel ornement sont les douze prophètes de l'Espagnolet, formant douze tableaux dans les archivoltes de la nef. Les caractères de ces figures, admirablement variés, sont remplis d'expression, et le coloris en est parfait. Le sujet dominant de la voûte de la nef est Jésus-Christ montant au ciel. Cette belle voûte est peinte à fresque, par Lanfranc ; mais on reproche aux figures de ces tableaux de ne pas bien *plafonner*, c'est-à-dire de paraître renversées, de manquer de perspective ; défaut qui se trouve souvent dans les plafonds peints par les Italiens. On prétend que nos peintres français l'emportent à cet égard sur les peintres des écoles italiennes. La sacristie a été peinte par Joseph d'Herpino ; la décoration en est riche, ainsi que le trésor : on y voit un admirable tableau de l'Espagnolet, représentant le Christ mort, saint Jean, qui le soutient, la Vierge, fondant en larmes, et la Madelaine qui lui baise les pieds. Le plafond de cette sacristie, peint par Giordano, représente Judith montrant au peuple de Béthulie la tête d'Holopherne. Dans la salle du chapitre, on admire un tableau de Lanfranc, qui représente la Vierge et l'Enfant Jésus, qui donne un livre à saint Bruno(1).

---

(1) On se récrie beaucoup sur ces anachronismes des tableaux d'Italie, qui présentent sans cesse de saints moines avec la Vierge ; mais ces grands artistes, qui lisaient assidûment les Saintes Écritures, et qui travaillaient pour des papes, des cardinaux et des religieux, ne pouvaient avoir l'ignorance que nous leur supposons à cet égard. Ces tableaux, sans doute, étaient fondés sur quelques traits particuliers que nous ignorons. Peut-être est-il dit, dans quelques auteurs, que saint Jérôme, saint Bruno, et plusieurs autres, ont vu en vision la Vierge et l'Enfant Jésus.

On voit, chez le prieur de la chartreuse, plusieurs beaux tableaux, entre autres, le petit Christ si fameux, peint par Michel-Ange; il n'a qu'environ un pied de haut. La vérité de ce tableau fit dire à un enthousiaste, qu'il fallait que Michel-Ange eût crucifié un homme, pour lui servir de modèle. Cette louange, passant de bouche en bouche, finit par devenir une histoire positive et une calomnie aussi absurde qu'atroce. Le cloître des Chartreux est vaste et beau, et les jardins admirables, par l'étendue et la beauté incomparable de la vue. Ce fut Jeanne Ire, reine de Naples, qui, pour exécuter la dernière volonté de son père, fonda cette chartreuse.

La *chartreuse de Lorenzo*, dans le royaume de Naples, mérite d'être vue.

La *chartreuse de Pavie* fut fondée par Jean Galéas Visconti Ier, duc de Milan, mort en 1402, et dont on voit le tombeau dans l'église. Les bâtimens sont beaux et vastes. Dans l'église, le devant d'autel est formé par un beau bas-relief de Tomaso Orcelino, de Gènes, représentant saint Bruno au pied de la croix. On voit aussi dans cette église une sainte famille d'une beauté supérieure, du Cairo. Le grand autel mérite une attention particulière par ses incrustations de lapis lazuli, d'agate et autres pierres dures. Ces belles pierres sont tellement prodiguées dans cette église, que la longue balustrade de la communion en est tout ornée. On voit, dans la sacristie, un fort bel oratoire, où Annibal Fontana a gravé, sur un cristal de roche, la flagellation. Cet oratoire est orné aussi de deux jolis camées du même artiste, représentant l'*Espérance* et la *Charité* : enfin Fontana a gravé encore, sur le pied d'une belle croix de cristal de roche, Jésus-Christ allant au Calvaire. Tous ces beaux ouvrages et les tableaux, chefs-d'œuvres de la peinture ; les sculptures, ouvrages d'orfévrerie, tous ces prodiges de l'art, ont été commandés par des prêtres et des moines, et faits sous leurs yeux. Les ministres de la religion ont employé une partie de leurs richesses à encourager et à payer les artistes ; les papes et les cardinaux comblaient de bienfaits et d'honneurs les grands artistes ; les religieux découvraient, protégeaient les talens naissans, et contribuaient à les perfectionner ; et même un grand nombre de religieux cultivaient ces mêmes arts et avec un brillant succès ; chaque monastère considérable entretenait, à ses frais, un certain nombre d'ouvriers et d'artistes, logés dans le couvent : les uns faisaient des incrustations, les autres formaient des mosaïques, les autres gravaient, peignaient, etc. ; et la piété, donnant un noble but à l'industrie humaine, consacrait tous ces talens divers à décorer le temple auguste de la vérité. La seule décence interdit aux ecclésiastiques un luxe frivole, et leur prescrit en même temps la charité la plus étendue ; ainsi ils ne peuvent être magnifiques qu'avec grandeur, et l'avarice même ne pouvait les empêcher d'être chari-

s tables. Les moines et les prêtres ont été, par leurs
o soins, leurs travaux, leur générosité, leurs lu-
a mières, également utiles à l'agriculture, à l'édu-
s: cation de la jeunesse, aux lettres et aux arts.

La *chartreuse de Lorenzo*, dans le royaume de
Naples, mérite d'être vue.

En Espagne, la *chartreuse du Paular*, la plus
riche de l'Espagne. Ce qu'elle a de plus remarquable, est un vaste cloître où Vincent Carducho
a peint les principaux événemens de la vie de saint
Bruno.

En France, la plus fameuse *chartreuse*, avant
la révolution, était auprès de Dijon. On y voyait
les tombeaux des anciens ducs de Bourgogne. Il y
avait aussi, près de Grenoble, une chartreuse célèbre.

Enfin on voyait à Paris le couvent des *Chartreux* de la rue d'Enfer (1), dont le cloître, comme
celui de la chartreuse du Paular, en Espagne, renfermait une suite de tableaux représentant toute
l'histoire de saint Bruno. Ces tableaux, peints par
le Sueur, sont d'une grande beauté; ils sont maintenant à Versailles. Les deux plus beaux sont saint
Bruno endormi, béni par des anges. Saint Bruno
habillé en bleu, sur un lit bleu, ne fait pas un bon
effet; cette couleur bleue dominante rend l'harmonie du tableau dure et désagréable; mais le

______

(1) Démoli depuis la révolution.

groupe des trois anges est admirable. L'autre tableau représente saint Bruno mort, entouré des religieux. Il est de la plus grande beauté.

~~~~~~~~~~~~~~~~~~~~~~~~~~~~~~~~~~~~

CHAPITRE XIII.

COUVENS. — ITALIE.

A Rome, *S. Gregorio magno*, église du couvent des Camaldules, bâtie sur l'emplacement de la maison paternelle de saint Grégoire. Ce qu'on y voit de plus beau, sont les deux célèbres fresques du Dominiquin et du Guide; celle du premier, représentant la flagellation de saint André, et l'autre, saint André allant au supplice.

Santa Trinita del monte Ermeo, à Naples, un des plus beaux et des plus riches de cette ville. Parmi les peintures de l'église, on remarque un saint Jérôme, de l'Espagnolet, d'autres beaux ouvrages du même peintre. Le tableau du rosaire et les portes de l'orgue sont du vieux Palmo. Le cloître des religieux est le plus beau qu'il y ait en Italie, par sa grandeur, sa situation, ses eaux, ses jardins et ses peintures.

A Assise se trouve, dans le couvent des *Franciscains*, un monument très-curieux; ce sont trois églises les unes sur les autres. Les cendres de saint François d'Assise reposent dans l'église du premier étage.
~~~~~~~~~~~~~~~~~~~~~~~~~~~~~~~~~~~~

A Venise, le couvent des *Medicanti*, des mendians. Ce couvent s'appelle aussi un *conservatoire*.
De jeunes filles y sont élevées gratuitement ; elles y
apprennent la musique, et, dans une tribune grillée
qui donne sur l'église, elles exécutent des concerts
excellens : on les voit à travers leurs grilles, non
seulement chanter, mais jouer de tous les instrumens, du violon, de la contre-basse, de la flûte,
de l'orgue, etc. On ne trouve cette espèce de concert qu'à Venise.

Scuola di San-Rocco, la plus riche confrérie
de Venise. C'est une assemblée de plus de cent
bourgeois, citadins, riches négocians. Cette confrérie possède un revenu de 40 mille écus, que l'on
emploie à faire des aumônes, à doter des filles,
délivrer des prisonniers, et à d'autres œuvres de
piété. Quelquefois, dans les besoins de l'état, la
confrérie a prêté à la république des sommes
considérables (1). Ce riche et bienfaisant établisse-

____

(1) Toutes les nombreuses confréries de l'Italie ont le même
but et font les mêmes actions, ainsi que celles d'Espagne et de
Portugal. Les philosophes modernes ne parlent que des *processions* de ces confréries ; il serait plus philosophique de s'occuper du bien immense qu'elles ont fait. Un auteur qui, malheureusement, ne saurait être suspect lorsqu'il parle des établissemens religieux (M. de Lalande), s'exprime ainsi dans son
Voyage d'Italie : « Il y a à Bergame un établissement admirable
« dont je ne connais point ailleurs d'exemple ; c'est une confré-
« rie pour les besoins des prisonniers : cette pieuse association
« fournit aux pauvres prisonniers, du pain, de la viande, des

ment se forma à l'occasion de la translation du corps de saint Roch , qui fut apporté d'Allemagne à Venise. Le bâtiment de la confrérie est décoré de belles colonnes et de bas-reliefs estimés ; mais

---

« habits ; il y en a quelquefois près de cent à la charge de cette « confrérie. »

Cette charité chrétienne, si digne en effet d'admiration, loin d'être un exemple unique, était exercé jadis, sous la même forme, dans toute la France , et se retrouve encore en Espagne et en Portugal. Un protestant (M. Murphy), dans son Voyage de Portugal , fait les détails les plus intéressans sur les confréries *de la Miséricorde*, établies à Lisbonne. « Quelle que soit, dit- « il , la croyance en ce pays , il suffit d'être malheureux pour « en être assisté. Leur charité ne se borne pas à accueillir les « affligés ; elle va encore les chercher dans leurs asiles. Ces « confréries se chargent aussi des orphelins et enfans pau- « vres ; elles les élèvent jusqu'à l'âge où ils peuvent apprendre « des métiers : alors elles les mettent en apprentissage ; et, à « moins d'inconduite de la part de ces jeunes gens , elles leur « continuent leurs tendres soins jusqu'à ce qu'ils soient établis. « Le sort des filles dépend de leur honnéteté. Si elles sont irrépro- « chables , on les dote et on les marie. Les membres de ces « confréries visitent les prisons et les hôpitaux , et font parvenir « des secours aux prisonniers pauvres. Dès qu'un criminel est « condamné à mort , ils ne l'abandonnent plus ; ils l'encoura- « gent , le consolent , l'accompagnent jusqu'au lieu de l'exécu- « tion , où ils l'exhortent au repentir. Leur humanité s'étend « jusqu'au-delà même du tombeau , car ils recueillent le corps « de la victime, qu'ils ensevelissent avec décence , et ils font dire « un certain nombre de messes pour le repos de son ame. Il se- « rait presqu'impossible de faire l'énumération de tous les actes « de charité de ces frères de la Miséricorde , dont la bienfaisance « est fondée sur les principes les plus purs de la religion , sans

ses plus précieux ornemens sont les peintures du
premier étage, où il y avait, avant la révolution,
trois grandes pièces remplies de tableaux du Tintoret, qui représentent la vie de Jésus-Christ, depuis l'annonciation jusqu'à l'ascension. Le Tintoret commença d'y travailler vers l'an 1560. Son
coup d'essai fut saint Roch, belle figure en pied,
qu'il peignit dans la voûte. Lorsque les confrères,
pour se décider sur le choix d'un peintre, établirent
un concours, cette figure du Tintoret lui mérita
la préférence. On remarque encore, dans cette
confrérie, la peste de Venise, un des plus beaux
ouvrages d'Antoine Zanchi. La guérison de la
peste fait le sujet d'une autre peinture, de Pierre
Negri, placée sur l'escalier.

« aucun alliage d'ostentation ou d'hypocrisie. Ames ardentes et
« généreuses, respectables bienfaiteurs de l'espèce humaine,
« quelle récompense vous attend au tribunal suprême de la jus-
« tice divine!.... Mais Lisbonne n'est pas la seule ville où il y
« ait de pareilles confréries : on en trouve dans toutes celles non
« seulement du Portugal, mais encore de ses colonies » Voyage
en Portugal, fait en 1789 et 1790, traduit de l'anglais de Jacques Murphy, par le citoyen Lallemant. Il y eut, vers 1177,
des religieux hospitaliers ou *faiseurs de ponts.* C'étaient des religieux réunis pour faire des ponts, et pour travailler volon-
tairement et gratuitement aux grands chemins. Il n'existe pas
une idée bienfaisante que la religion n'ait inspirée. Les pontifes
païens ne furent que des ambitieux ou des imposteurs ; les ministres protestans sont souvent de très-bons pères de famille,
mais ils s'embarrassent fort peu de leurs paroissiens ; la religion
catholique a seule donné ces exemples admirables d'humanité.

L'église et le couvent des *Cordeliers* sont remarquables par l'architecture et les peintures d'Alexandre Vittorin, de Salviati, de Benadetto Cagliari, frère de Paul Véronèse, et du Titien. L'église fut bâtie vers 1400, par l'architecte Nicolas Pisano, le même qui bâtit celle de Saint-Antoine de Padoue. Le Titien est enterré dans cette église. Ce célèbre artiste mourut de la peste à l'âge de 99 ans; il fut enterré avec tous les honneurs que l'on rendait à la noblesse, quoique dans ce temps de calamité on eût interdit les pompes funèbres.

San-Bastian, église de jéronimites, est digne d'attention, par les ouvrages et par le tombeau de Paul Véronèse. Ce grand peintre avait peint la sacristie dès l'âge de 25 ans; il peignit ensuite la voûte de l'église, l'orgue, la chaire et les tableaux de plusieurs chapelles : enfin il y fut enterré en 1588.

Vallombrosa, belle abbaye à 6 lieues de Florence.

A Chiaravalles, abbaye fondée par saint Bernard, à une lieue de Milan. On admire, dans l'église, les stalles des religieux, où est représentée la vie de saint Bernard. C'est un des plus beaux ouvrages qu'il y ait dans ce genre de sculpture.

Le *Monte Vergine*, à 9 lieues de Naples, est célèbre par un couvent de moines et une image très-révérée de la sainte Vierge : elle est d'une taille colossalle; on la dit de saint Luc.

FRANCE.

Paris. Les *Carmélites* de la rue Saint-Jacques.
On y voyait de beaux tableaux de Champagne, et
la fameuse Madelaine de Lebrun, représentant la
duchesse de la Vallière. La tête de cette figure est
belle et d'une expression touchante, mais la figure
est lourde et matérielle, et son attitude est empha-
tique et théâtrale. Ce tableau est maintenant à
Saint-Cloud. Une des choses qui a le plus retardé
parmi nous les progrès de la peinture, c'est qu'en
général les peintres français ont pensé que l'on pouvait étudier la nature au théâtre. Il est aussi ridicule de chercher à connaître, par le jeu des comédiens, l'expression véritable des passions, qu'il le
serait de vouloir peindre un paysage d'après une
belle décoration d'opéra. Copier la pantomime
d'un acteur, ce n'est plus créer, ce n'est même
pas observer. Michel-Ange, témoin d'un événement tragique qui fit périr un enfant sous les yeux
de sa mère, fut tellement touché de la douleur exprimée sur le visage de la malheureuse mère, que
cette image resta gravée dans sa tête. Ce fut alors
qu'il fit cette vierge fameuse qui regarde le Christ
mort. Un artiste ne remportera point ces idées
sublimes de la comédie française ; c'est pourquoi
une ville qui renferme vingt-six spectacles, est
très-peu favorable aux arts de la sculpture et de
la peinture. Outre la perte de temps qu'ils occa-
sionnent nécessairement, ils sont, pour les jeunes

artistes une école pernicieuse, où l'on prend le plus mauvais goût, en perdant presqu'entièrement l'idée du vrai. Il y avait, dans l'église des Carmélites de la rue Saint-Jacques, un crucifix célèbre, posé à la voûte. On prétendait que, par un effet d'optique, on le voyait toujours placé dans son sens naturel, de quelque côté qu'on le regardât; mais cet effet n'existait point, et l'on ignore ce qui a pu lui faire attribuer cette singularité.

L'église des religieuses du *Val-de-Grace* était belle : on y voyait de bonnes peintures, de superbes ornemens donnés par la mère et par l'épouse de Louis XIV, et un magnifique saint-sacrement recouvert de diamans et de rubis, montés avec la plus grande élégance, et donné aussi par Anne d'Autriche.

L'église des *Pères de l'Oratoire* est belle et d'une proportion charmante et régulière : on y voyait jadis de bons tableaux de Champagne et de Challes. Il y avait, dans une des pièces du couvent, un crucifix d'ivoire très-remarquable par la grandeur du morceau d'ivoire et par la beauté du travail.

L'abbaye *Saint-Germain-des-Prés* fut fondée par Childebert, fils de Clovis, en 558. L'église renfermait quelques tombeaux des rois de la première race, ceux du fondateur, d'Ultrogotte, sa femme, de Frédégonde, de Clotaire II, etc. On y voyait aussi le tombeau, exécuté par Marsy, de saint Jean Casimir, roi de Pologne, mort abbé de cette maison en 1672. Tous ces tombeaux sont au Musée français. La maison des religieux renfermait une superbe bibliothèque composée de 80 mille volumes et de 20 mille manuscrits, parmi lesquels était l'original manuscrit des sublimes pensées de Pascal, écrit de sa main. (1)

L'abbaye de *Saint-Victor*, très-gothique, fondée par Louis le Gros en 1113. L'église fut rebâtie sous François Ier. La menuiserie des orgues était parfaitement belle. On voyait dans la sacristie de beaux ornemens, dont l'un avait servi de manteau royal à la reine Blanche. Le dôme d'une chapelle

---

(1) On conservait, dans cette abbaye, un très-ancien pseautier, écrit en lettres d'or et d'argent, sur un vélin violet. On montrait, à la bibliothèque de Saint-Victor, les heures de la reine Blanche, livre très-curieux, avec des peintures en arabesques, d'un goût bizarre et grotesque, représentant des figures extraordinaires, des animaux, des singes, etc. A la bibliothèque de l'Arsenal, se trouvent la bible de Charles VI et les heures de François Ier. On voyait à la Sainte-Chapelle, à Paris, des heures qui avaient 800 ans, et dont les dorures étaient éclatantes. A la bibliothèque nationale, à Paris, la bible de Charles V, avec sa signature ; les heures de Henri IV, écrites sur papier d'or, et les heures de Marie Stuart.

On voit à *Capo di Monte*, palais royal près de Naples, des heures très-célèbres par leur beauté et par le nom de l'artiste, supérieur en ce genre (Iules Clovio), qui en a peint les vignettes. Ces vignettes forment une suite charmante d'arabesques en miniature, sur vélin, et traitées avec un goût exquis. Les couleurs et les dorures en sont d'un éclat éblouissant, et parfaitement conservées, quoique les heures aient plus de deux cent quarante ans d'antiquité.

de l'église des Petits-Augustins passe pour être le premier qu'on ait construit à Paris. Ce fut Marguerite de Valois qui fit faire cette chapelle.

Dans l'église des *Capucins* de la rue Saint-Honoré, on admirait un superbe tableau de le Sueur, representant un Christ.

On voyait jadis à Saint-Denis les tombeaux de nos rois ; ils sont aujourd'hui à Paris, au Musée des monumens français. Les plus remarquables sont : le tombeau de Louis XII et d'Anne de Bretagne, exécuté par Paul Ponce Trebati, venu en France vers 1500. Louis XII et Anne de Bretagne sont représentés couchés sur un cénotaphe de marbre noir, et dans leur état de mort ; les statues sont de marbre blanc. Le tombeau de François Ier et de Claude de France, sa femme, offre la même composition. Ces deux monumens, sur-tout le dernier, fait par le sculpteur François-Pierre Bontemps, sont très-estimés des connaisseurs. On voit à ce même Musée une très-belle urne sépulcrale, avec de beaux bas-reliefs du même Pierre Bontemps, qui renfermait le cœur de François Ier. Philibert de Lorme, architecte, et Germain Pilon, sculpteur, ont aussi travaillé aux monumens élevés à la mémoire de François Ier. L'urne sépulcrale qui contenait le cœur de ce prince était à l'abbaye de Haute-Bruyère (1). Le tombeau de Henri II et

____

(1) Une personne pieuse avait fait, dans ce couvent de religieuses, une fondation remarquable. Tous les jours de l'année,

de Catherine de Médicis, représentés aussi dans
leur état de mort, sur les dessins de Primatice,
exécutés par Germain Pilon, est admiré des artistes. Outre ces mausolées et beaucoup d'autres,
sauvés de la dévastation de Saint-Denis par une
main courageuse et amie des arts, on voit encore
dans ce Musée une grande quantité de tombeaux
qui étaient dans différentes églises : on remarque,
entre autres, le tombeau de Louvois, ministre
d'état, mort en 1691. On y voit (dit l'auteur de
la description de ce Musée) « l'histoire figurée par
« une femme qui tient un livre, et qui semble
« tourner ses yeux mouillés de larmes vers Lou-
« vois, en lui montrant le passage de ce livre, où
« ses opérations dans le Palatinat sont rapportées. »
Si cette explication est bonne, rien n'est plus extraordinaire que la composition de ce monument, où
l'on aurait rappelé, sans aucune nécessité, une action si justement reprochée à ce ministre. Ce tombeau est orné, en outre, de la figure de la Sagesse,
par Girardon, et de celle de la Vigilance, par
Desjardins.

Le tombeau du cardinal de Bérule est d'une
bonne exécution.

---

depuis huit heures du matin jusqu'à quatre après midi , les religieuses distribuaient , à la porte du couvent , du *pain de
froment* aux vieillards , aux estropiés et aux pauvres voyageurs qui passaient près de cette abbaye. Cette charité, à l'é-
poque de la révolution , s'exerçait depuis plus de 150 ans. L'auteur de cet ouvrage a vu faire cette distribution en 1786.

On doit beaucoup de reconnaissance à celui qui nous a conservé tous ces monumens, et qui les a parfaitement restaurés et classés d'une manière instructive et ingénieuse ; mais une collection de tombeaux vides, renfermés dans un petit musée, ne dit rien à l'imagination. Les grandes méditations sur la mort sont inséparables des idées religieuses. Pour s'arrêter et rêver auprès d'une tombe, il faut pouvoir y prier. Dans ce dernier asile, l'espérance n'existe plus que dans le sanctuaire de la religion. Ce Musée n'offre aux yeux que l'aspect du plus triste atelier de sculpteur ; quelques amours et plusieurs autres divinités païennes, dispersés parmi les sépulcres, loin de l'égayer, ne présentent qu'un contraste bizarre et choquant. On trouve aussi dans ce Musée de très-beaux vitraux ; on estime sur-tout ceux qui étaient au château d'Écouen, et ceux qui représentent des traits de la vie du bienheureux la Barrière, fondateur du couvent des Feuillans, et ceux qui étaient à la chapelle de Vincennes, peinte par Jean Cousin. Ces derniers vitraux passent pour des chefs-d'œuvres en ce genre.

Une remarque qu'on ne peut s'empêcher de faire dans ce Musée, et que l'on faisait aussi avant la révolution en visitant les églises, c'est que presque tous ces monumens de la piété, qui sont aussi ceux de la reconnaissance, de l'amour conjugal et filial, et de l'amitié, n'appartiennent point au dix-huitième siècle ; ce siècle, où l'on a tant vanté la sensibilité, fut en général celui de l'ingratitude, de l'oubli et de l'égoïsme : c'est qu'il fut celui de l'ir-réligion. L'impiété dessèche l'ame et dénoue les liens les plus sacrés.

Avant la révolution, les couvens les plus cé-lèbres en France étaient *l'abbaye de Saint-Cyr*, près Versailles, fondée par Louis XIV et madame de Maintenon, pour l'éducation des filles des pauvres gentilshommes. Le plan d'éducation pu-blique, tracé par madame de Maintenon, était ce qu'on a jamais vu de plus ingénieux et de plus parfait dans ce genre. (1)

A Moulins, le couvent de la *Visitation*, où se trouvait un monument très-célèbre, mais au-des-sous de sa réputation, le tombeau du malheureux duc de Montmorency, qui fut décapité. Sa ver-tueuse épouse lui fit élever ce mausolée dans le couvent où elle consacra le reste de ses jours à la religion et à la douleur. La composition de ce tombeau ne vaut rien. La statue du duc, en marbre blanc, est couchée sur un beau sarcophage d'un superbe marbre noir. Cette figure est lourde et mal posée. La duchesse est assise derrière lui ; son attitude est simple et bonne. La figure de la *Libéralité* est belle et bien drapée ; celle de la

____

(1) L'auteur de cet ouvrage s'honore d'avoir fait ce juste éloge au commencement de l'année 1790, dans l'ouvrage intitulé *Discours moraux*, et dans lequel se trouve le plan détaillé de l'éducation que l'on recevait à Saint-Cyr.

Force assez borne ; celle de la *Noblesse* mauvaise ; enfin la statue de la Religion, placée dans
une niche, est très-médiocre. Ce monument mérite d'être vu, mais on ne devait nullement le
citer comme un chef-d'œuvre.

Il y avait à Arles, petite ville du Roussillon, située au 'pied du Canigou, à sept lieues de Perpignan, une abbaye d'hommes, dans laquelle on
trouvait, avant la révolution, un tombeau très-curieux (on ignore s'il subsiste encore); il était de
marbre gris brut, ayant environ six pieds de long
sur deux de large, et autant de haut. Ce tombeau
était isolé et contenait toujours de l'eau dans plusieurs temps de l'année : on tirait de cette tombe
plus d'eau qu'elle ne semblait pouvoir en contenir. Des savans ont examiné ce tombeau, et n'ont
pu expliquer ce phénomène. (1)

L'abbaye de *la Trappe* (2). On a fait beaucoup

----

(1) On trouve à Dax, à huit lieues de Baïonne, une
singularité du même genre. On en a rendu compte.

(2) A l'exception de la reine et des princesses du sang,
les femmes ne pouvaient entrer dans ce monastère. Cependant, en 1788, l'auteur de cet ouvrage fut reçue dans l'intérieur de la Trappe, parce qu'elle y conduisait une jeune princesse, son élève, qui n'aurait pu y entrer sans sa gouvernante. Ainsi l'on a vu tout ce qu'on décrit, et cet article
n'est qu'un extrait du Voyage de la Trappe, que l'auteur fit
imprimer dans son *Journal d'éducation,* ou *Leçons d'une
gouvernante,* publié au commencement de l'année 1790.

de fables sur les religieux de cet ordre, si célèbre par ses vertus et ses austérités : ils ne travaillaient point à creuser leurs *tombes ;* ils ne se disaient point, en se rencontrant, *il faut mourir ;* ils ne portent point sur leur cœur une pelote garnie de piquans, etc. ; toutes ces choses sont absolument fausses. Ces religieux font maigre perpétuellement, ne boivent jamais de vin ; ils couchent toujours tout habillés ; ils portent la chemise de laine, mais point de cilice ; toutes les mortifications de ce genre leur sont expressément défendues par leur règle. A l'exception des supérieurs et des hôtelliers (ceux qui reçoivent les étrangers), ils observent entre eux un silence éternel, mais ils peuvent tous les jours, à de certaines heures, parler aux supérieurs, quand ils ont quelques demandes à leur faire ; du reste, dans leurs travaux, ils s'expriment entre eux par signes. La prière, le service des pauvres et des malades, et les travaux d'agriculture, voilà l'emploi constant de tous les instans de leur vie. Ils travaillaient à la terre, non seulement dans leur jardin, mais dans leurs champs, dans leurs bois, et dans toute l'étendue de leurs possessions.

On ne pouvait, chez eux, prononcer les vœux avant l'âge de 21 ans. Ils ne recevaient jamais les hommes veufs dont les enfans n'étaient pas établis, quelqu'âge qu'eussent ces enfans, s'ils n'avaient pas un état qui assurât solidement leur existence. Les religieux pensaient qu'un père ne pouvait alors

disposer de sa liberté, et qu'il se devait tout entier à ses enfans.

Avec leurs revenus et des fondations particulières de personnes pieuses, les pères de la Trappe
avaient 46 mille livres de rentes; ce qui leur suffisait pour donner l'hospitalité à tous les voyageurs
pendant trois jours; et si, durant ces trois jours,
les voyageurs pauvres tombaient malades, le chirurgien des pères les visitait, et leur fournis-
sait des drogues de l'apothicairerie de la maison.

Les pères allaient les voir aussi pour les soigner, panser leurs plaies, etc.; et, par un sentiment de charité véritablement admirable, ces austères religieux avaient appris à traiter les maladies
les plus honteuses, ne voyant dans le vice même
qu'un objet digne d'une active compassion, dès
qu'il était souffrant et dénué de secours. Si les
pauvres voyageurs manquaient d'argent pour
continuer leur route, les pères donnaient ce qui
était nécessaire pour qu'ils pussent se rendre où
ils voulaient aller. Il n'y avait point de jour où
il ne passât de ces pauvres voyageurs, et, entre
autres, beaucoup de soldats. En outre, les pères
et le chirurgien allaient sans cesse aux environs,
et jusqu'à cinq ou six lieues de la Trappe, vi-
siter les pauvres chaumières, pour soigner les malades. Quand un religieux malade était condamné
à n'avoir plus que quelques heures à vivre, on
le transportait toujours à l'église, pour y recevoir l'extrême-onction; ensuite on le rapportait

dans son lit. Lorsqu'il touchait à ses derniers
momens, on sonnait une cloche qui annonçait à
toute la maison qu'un des frères était à l'agonie; tous
les religieux se rassemblaient autour du mourant,
que l'on couchait sur la cendre; alors on faisait
tout haut des prières pour lui. Cette description
fait frémir des gens du monde; cependant on doit
concevoir qu'à la Trappe l'appareil de la mort et
les solennités religieuses qui l'accompagnent ne
sont qu'augustes et consolantes. Ce ne sont pour
eux que les avant-coureurs d'un grand triomphe et
d'un bonheur suprême. Ce n'est pas que la vie leur
soit odieuse; car, au contraire, ils se croient
aussi heureux qu'on peut l'être sur la terre; mais
ils éprouvent en mourant toute la joie que les plus
douces et les plus hautes espérances peuvent donner. On a vu beaucoup de ces religieux, que l'annonce de la mort a tellement ranimés, que leur
vie en a été prolongée d'une manière miraculeuse.
Il était fort commun, à la Trappe, de voir dans
ces derniers momens les pères reprendre assez de
forces pour pouvoir marcher et se rendre à l'église
sans y être portés. Ce ne sont donc point ces heureuses et paisibles morts qui doivent nous inspirer
de la terreur et de la compassion; plaignons plutôt,
à cette heure suprême, non seulement les impies,
mais ceux qui, avec des sentimens religieux, ont
toujours vécu dans le monde : c'est alors que d'in-
quiétans souvenirs viennent en foule troubler l'i-
magination du mourant; c'est alors que l'incerti-

tude et la crainte rendent la mort douloureuse et
terrible !.... Ceux qui voyagent vont bien loin pour
étudier les hommes, pour chercher à connaître ce
que peuvent sur les esprits les institutions, les
exemples, les lois, l'autorité, etc. Il existait bien
près de nous des mœurs beaucoup plus austères
que celles des anciens Lacédémoniens, des vertus
infiniment plus sublimes que celles de ces sages de
l'antiquité, si fameux et si vantés, enfin une petite
république où toutes les passions dangereuses
étaient anéanties, où l'humanité, la bienfaisance
et toutes les vertus furent portées à un degré de
perfection qui semble au-dessus de la nature. Est-
ce donc là un tableau indigne de l'observation d'un
véritable philosophe ? Devait-on quitter cette enceinte respectable en disant : *ce sont là des fous ?*
Avant de décider ainsi, il faudrait commencer par
prouver que l'on est sage, ou prouver du moins
que l'on est conséquent, que l'on a des principes,
quels qu'ils fussent, et que l'on y conforme ses
mœurs. Vous croyez que l'on doit céder aux penchans que la nature nous donne, que c'est ainsi
seulement que l'on peut être heureux ; et pourquoi donc vous plaignez-vous sans cesse ? pourquoi donc le bonheur vous fuit-il ou vous échappe-
t-il toujours ? pourquoi la paix de l'ame n'est-elle
pour vous qu'un bien chimérique ? Mais, dit-on,
à quoi bon toutes ces austérités absurdes ? N'admirez donc pas les disciples de Pythagore, qui
passaient tant d'années sans parler ; n'admirez pas

la sobriété de Fabius, d'Aristippe, de Diogène et de tant d'autres philosophes, qui ne vivaient que d'herbes; n'admirez pas la patience d'Épictète et de Socrate, ni leur douceur, ni leur mépris pour les honneurs et les richesses.... Ce n'est donc que dans les siècles passés et chez des païens, que les exemples de ces grandes vertus peuvent toucher! Mais la tradition peut en exagérer les traits, et elle nous apprend que ces hommes rares eurent des erreurs et des faiblesses, et nous ne pouvons douter de ce qui existait si près de nous; et si l'on trouve quelque singularité dans la vie d'un père de la Trappe, du moins n'y trouvera-t-on aucun des vices qu'on reproche aux philosophes du paganisme : mais, répète-t-on encore, pourquoi ce silence éternel? Pour ne point médire, pour ne point calomnier, pour ne point disputer, pour ne jamais profaner le don de la parole.... A quoi bon ces habits de laine, ces lits si durs, cette privation de toutes les choses commodes et agréables? A quoi bon? A donner aux pauvres tout l'argent que coûteraient des habits de soie, de bons lits, de jolis meubles, des mets recherchés, etc. Osera-t-on dire aussi à *quoi bon* passer une partie du jour à labourer la terre? Au moins conviendra-t-on que ces travaux d'agriculture sont utiles, et qu'ils donnaient un excellent exemple aux paysans de ce pays. Qui n'eût pas rougi là d'être fainéant et paresseux? — Mais enfin à *quoi bon* passer tant d'heures dans une église? — A quoi bon passez-vous tant d'années à la cour, où vous éprouviez tant d'ennui, dans l'espoir toujours incertain et souvent trompé d'obtenir quoi? Un vain titre, un ruban, un tabouret. Ce ne sont pas de telles frivolités qui attirent et retiennent ces religieux à l'église; ce n'est pas seulement l'espoir, c'est la certitude d'obtenir, non des biens fragiles et périssables, mais une éternelle félicité. Pensez, si vous voulez, que leur opinion n'est pas fondée, qu'importe? dès qu'ils sont persuadés. La récompense qu'ils se promettent étant certainement plus grande que celle que vous recherchez, ils ont assurément plus de plaisir à chanter les louanges de Dieu, que vous n'en avez à flatter et à célébrer les grands de la terre; d'ailleurs, les concurrens vous inquiètent, et l'incertitude vous tourmente. Pour eux, ils n'ont point de rivaux à craindre; ils sont assurés de recevoir le prix de leurs travaux; vous aspirez, et ils attendent : jugez combien ils sont plus heureux dans leur église que vous ne l'êtes dans l'antichambre d'un prince ou dans le cabinet d'un ministre. Ainsi donc, quand leur opinion n'aurait pour base qu'une illusion, vous ne devriez pas les appeler *des fous*, puisqu'ils sont vertueux, bienfaisans, utiles, et qu'ils se trouvent heureux; et, si leur opinion est fondée, quel nom leur est dû? Et vous qui les méprisez, quel est celui que vous méritez? Quel sera leur destin dans l'éternité, et quel sera le vôtre?.... On les a bannis, ces vertueux et paisibles solitaires; on a dépouillé ceux qui se refusaient tout, pour donner au pauvre ; on a chassé de leur patrie ceux qui, depuis plus d'un siècle, exerçaient sans interruption une si touchante hospitalité !.... Respectables fugitifs, entrez avec confiance sur une terre étrangère. Quel peuple serait assez barbare pour ne pas s'honorer de vous offrir un asile ?

On trouvait à l'abbaye de *Sept-Fonds*, en Bourgogne, la même austérité et les mêmes vertus.

Le *mont Saint-Michel*, en Bretagne, à trois lieues de Pontorson. C'était à la fois un couvent et un château fort. Ce château est placé au milieu de la mer, sur le haut d'un rocher d'une prodigieuse élévation. Son aspect est très-imposant par ses tours, ses fortifications, son architecture gothique et la singularité de sa situation. Pour y arriver en de certains temps et le plus commodément, il faut saisir l'heure de la marée et où la mer abandonne cette plage. Ce château amphibie est rejeté, tour à tour, par la mer et par la terre ; car ce mont est, pendant une partie du jour, une île isolée au milieu des flots, et pendant l'autre partie, il se trouve posé sur une vaste étendue de sable aride. On entre d'abord dans une citadelle, ensuite on traverse une très-petite ville, c'est-à-dire une longue rue qui va toujours en montant et en tournant, et dans laquelle on ne peut aller qu'à pied. Au bout de vingt minutes, on quitte la ville ; on trouve des escaliers très-roides et très-hauts, et l'on monte plus de 400 marches : alors on entre dans une vaste église dont le chœur est très-beau ; on est dans le couvent. Pour aller aux appartemens, il faut monter encore un escalier, et, au-dessus de ces logemens, il y a encore 400 marches qui mènent à un belveder placé au sommet de ce fort. La *salle des chevaliers* est la plus belle pièce de la maison ; elle est immense et soutenue par des colonnes ; elle tire son nom de l'usage qu'avaient anciennement les chevaliers de Saint-Michel d'aller en pélerinage à ce mont, et d'y tenir des assemblées.

A Caen, l'abbaye de *Saint-Étienne ;* abbaye d'hommes intéressante et curieuse. L'église, gothique, est vaste et fort belle ; elle fut bâtie en 1063, trois ans avant la bataille d'Hastings. Le chœur est plus moderne. On voyait, dans cette église, le tombeau de Guillaume le Conquérant. On voit dans la même enceinte les restes du palais de Guillaume. Il y a encore une immense et belle salle, qui était sa salle de conseil. On voyait, dans cette abbaye, un très-bon tableau, représentant une sainte famille, dont les figures de saint Joseph, de la Vierge et de l'Enfant Jésus, étaient les por-traits de Henri IV, de Gabrielle d'Étrée et du duc de Vendôme. On ignore ce que ce tableau intéres-sant et parfaitement bien peint est devenu.

L'abbaye de *Sainte-Bénigne*, à Dijon. On voit une *reine pédauque* sur le portail de son église. Reine pédauque est le nom d'une figure bizarre placée sur le portail de quelques églises gothiques, et qui représente une femme dont l'un des pieds finit en forme de pied d'oie. On ne sait ce que cela signifie : les uns prétendent que c'est sainte Clotilde, et que le pied d'oie est l'emblême de la vigilance et de la prudence de cette princesse, l'oie étant le symbole de ces qualités, depuis l'aventure des oies du capitole ; d'autres expliquent différemment cette singularité. On ne connaît en France que quatre églises qui aient des *reines pédauques ;* celle de Sainte-Bénigne, à Dijon ; celle du prieuré de *Saint-Pourçain ,* en Auvergne ; celle de *l'abbaye de Nesle ,* transférée à *Villenoxe* en Champagne, et celle de *Saint - Pierre* de Nevers.

L'abbaye de *Monbuisson ,* et celle de *Fontevrault ,* étaient deux monastères de religieuses très-célèbres, ainsi que celui de *Chelles ,* où plusieurs princesses du sang se sont fait religieuses, entre autres, mademoiselle de Chartres, fille de M. le régent. (1)

ESPAGNE.

On trouve, au pied de l'un des rochers du mont Serat, un monastère antique, où saint Ignace se

---

(1) Il existait encore en France deux couvens remarquables par deux phénomènes. Il y avait à Ciotat, en Provence, un couvent d'hommes, dans lequel se trouve une fontaine dont l'eau hausse et baisse comme le flux et le reflux de la mer. A Bergerac, dans le Périgord, il y a un ruisseau inflammable dans le prieuré de Trémolac.

dévoua à la pénitence, et forma le dessein de fonder la compagnie de Jésus.

Le monastère des filles de *Las Huelgas*, près de Burgos, est riche et très-considérable.

Dans la vieille *Castille*, à quatre où cinq lieues de l'Escurial, se trouve un couvent d'Hyéroni-mites, où l'on voit un monument singulier et célèbre, connu sous le nom de *Toros de Guisando*. Les touraux de Guisando, ce sont des blocs antiques de pierre grossièrement ébauchés, représentant, suivant les uns, des *taureaux*, et, suivant les autres, des *éléphans*. Cette étrange indécision a beaucoup exercé les antiquaires d'Espagne.

Dans un canton plus éloigné de Madrid, près de Battuesca, est un couvent de Carmes déchaussés, enfoncé et comme enseveli sous d'énormes rochers qui l'environnent de toutes parts, à 14 lieues de Salamanque. L'isolement absolu et la singularité de son aspect et de sa situation le rendent, pour les voyageurs, un objet de curiosité.

PORTUGAL.

On voit, dans un couvent près de la ville de Sétuval, plusieurs bons tableaux de Henri Corneille Vroom, célèbre peintre hollandais, et d'autant plus intéressans qu'ils sont à la fois les monumens de l'hospitalité et de la reconnaissance. Cet artiste, s'étant embarqué en Hollande pour se rendre en Espagne, fut jeté, par une tempête, sur la côte de Portugal, où son vaisseau se brisa. Vroom et un petit nombre de ses compagnons qui s'étaient sauvés sur les rochers, furent recueillis par les moines du couvent voisin, et traités avec l'hospitalité la plus généreuse. Les religieux, après avoir soigné et gardé quelques semaines les naufragés, leur donnèrent des habits et de l'argent, et les envoyèrent à Lisbonne. Vroom, quelques mois après, revint à Sétuval, et y composa plusieurs beaux tableaux, dont il fit présent au couvent.

Le monastère royal de *Batalha*, à cinq lieues de la ville de Leyria, dans la province d'Estramadure. Il fut fondé par Jean Ier, roi de Portugal, vers la fin du 14e siècle, en mémoire d'une grande victoire qu'il remporta sur les forces supérieures des Castillans, à la suite de la bataille d'Aljubarota. L'architecture en est gothique, et c'est un des plus beaux monumens de ce genre. Son étendue est de 416 pieds, de l'est à l'ouest, et de 541 pieds, du nord au sud, y compris le couvent. A l'exception des offices et des dortoirs, il fut bâti d'un marbre peu différent pour la couleur de celui de Carrare. Aujourd'hui, ce n'est plus, intérieurement, qu'une pierre grise recouverte d'une scorie jaune qui produit aux yeux d'un artiste un effet très-pittoresque. Le frontispice de cet édifice est particulièrement renommé comme un chef-d'œuvre d'élégance. Le portail, qui a 28 pieds de large sur 57 de haut, est orné d'une centaine de figures en grand relief, représentant Moïse et les prophètes, des saints, des anges, des apôtres, des martyrs, des papes et des rois. Chaque statue est placée sur un piédestal décoré de moulures, et au-dessous d'une corniche d'un travail précieux. Toutes ces figures sont séparées les unes des autres, par des compartimens en losanges. Plus bas, et dans la partie du milieu, est une niche environnée d'une Gloire, et contenant un trône sur lequel est assise la figure du Sauveur. L'espace entre le portail et l'église est occupé par une large croisée d'un travail singulier : il consiste en une infinité de compartimens de marbre, dont les intervalles sont garnis de vitraux peints. Le soir, lorsque le soleil se présente en face, il darde ses rayons à travers le vitrage, et teint les murs et les piliers de l'église de mille couleurs différentes, ce qui forme un spectacle éblouissant et de la plus grande beauté. Au fond de l'église est le mausolée dn roi Emmanuel. La salle de chapitre du convent est admirable par sa grandeur et la hardiesse de sa construction. C'est un carré dont chaque côté a 64 pieds ; la voûte ou coupole est magnifiquement enrichie d'ornemens du meilleur goût dans leur genre ; elle n'est supportée que par des courbes d'un travail parfait, qui viennent se réunir en un centre, sous la forme d'étoile.

Le monastère royal d'*Alcobaça* est situé dans un joli village du même nom, à 15 lieues au nord de Lisbonne. Il fut fondé en 1170, par Alphonse Ier, roi du Portugal, en exécution d'un vœu qu'il avait fait avant la prise de Santeren, appartenant aux Maures. L'église de ce couvent est l'une des plus grandes et des plus majestueuses qui existent; mais l'architecture en est beaucoup moins belle que celle du couvent de Batalha, quoique infiniment plus magnifique. Le côté occidental du monastère, dont l'église occupe le centre, a 620 pieds de long sur environ 750 de profondeur. L'intérieur est occupé par des dortoirs, des galeries, des cloîtres, etc. Dans une chapelle particulière du couvent se trouvent des tableaux estimés, entre autres, une Vierge du Titien, d'une grande beauté.

Parmi les objets du culte conservés dans ce monastère, on remarque un calice d'or d'un travail infini, qui a exercé la curiosité de plusieurs savans. Il est incrusté d'un grand nombre de pierres précieuses, et orné de divers groupes de très-belles figures, représentant la passion du Christ. Il porte, en outre, des lettres et des caractères que l'on a vainement essayé jusqu'ici d'expliquer. L'hospitalité est exercée dans ce monastère, ainsi que dans tous les couvens du Portugal, avec la plus grande générosité. La plupart des enfans du pays sont élevés et entretenus par les moines. Non seulement la desserte du réfectoire est donnée aux pauvres, mais on leur fait encore, deux fois la semaine, des distributions particulières. Cette charité inspire une réflexion bien naturelle au savant et véridique auteur d'un excellent Voyage du Por-

tugal (1). Que ceux, dit-il, qui déclament contre
la richesse de ce monastère, cherchent dans tout
le Portugal un homme qui, jouissant d'un revenu
égal au sien, en fasse un tel usage.

Le monastère et la magnifique église de *Belem*,
près de Lisbonne, situés sur les bords du Tage,
fondés en 1490, par le roi Emmanuel, et achevés
par son fils Jean III. L'église renferme les cendres
d'un grand nombre de princes des familles royales
du Portugal. L'architecture est un mélange des
styles normand, gothique et arabe : elle est fort
admirée des connaisseurs.

Le monastère de *Cintra*, très-remarquable par
sa situation extraordinaire et pittoresque. Cintra
est le nom d'un pays montagneux à quelques
lieues de Lisbonne. Le rocher fameux de Cintra,
qui en fait partie, est connu de tous les naviga-
teurs, par sa position à l'extrémité occidentale de
l'Europe. Dans les ouvrages des anciens géogra-
phes, il est désigné, tantôt sous le nom de *pro-
montoire de la Lune*, tantôt sous celui d'*Olisipo-
nèse* (2). Suivant Strabon, son premier nom fut
Hierna. La hauteur de la partie la plus élevée de
ce rocher est estimée de 3,000 pieds au-dessus du

---

(1) Fait dans les années 1789 et 1790, par un Anglais,
M. Jacques Murphy.

(2) Sans doute à cause de son voisinage de Lisbonne, appelée jadis *Osylippo*.

iz niveau de la mer. Tous les matins, son sommet est
rz enveloppé de nuages, et les soirs, long-temps
ps après que la nuit a obscurci les vallées, il conserve
rs encore quelques rayons de clarté. Sur la cime de
iz cette roche majestueuse est bâti un couvent de
ii l'ordre de saint Jérôme. Cet édifice vénérable,
d'un très-beau gothique, placé au-dessus de l'a-
byme, dans sa partie occidentale, offre un aspect
qui glace d'étonnement et d'effroi le spectateur.

Maffra (à quelques lieues de Lisbonne). C'est le
nom d'un somptueux établissement qui, à l'imitation de l'Escurial, contient à la fois une église,
un monastère et un palais. Il fut fondé en 1717.
Malheureusement l'architecte, qui était un Allemand, nommé Frédéric Ludovici, n'avait aucune
espèce de talent. L'édifice a la forme d'un carré
oblong, comportant 760 pieds de l'est à l'ouest, et
670 du nord au sud. Il y a aussi dans cette enceinte
un collége institué en 1772, par Joseph 1er ; il est
sous la direction des religieux ; on y enseigne les
mathématiques. La bibliothèque contient environ
5o mille volumes. Le maître-autel de l'église est
formé de deux grandes tables de marbre blanc
d'un poli si parfait, que Jean V s'en servait comme
de glaces avant d'en faire présent à l'église. On
compte, parmi les autres ornemens, 58 statues de
marbre de Carrare, dont quelques-unes sont fort
bien exécutées. On peut se faire une idée de la
grandeur de tout l'édifice, par le nombre de ses
appartemens, qui montent à 866. Quant aux portes

et aux fenêtres, on en compte 5,200. Les jardins, situés sur les derrières, sont très-étendus, et enrichis d'un très-grand nombre de plantes étrangères.

Il est bien fâcheux que ce superbe établissement, qui a coûté des sommes immenses, soit, dans toutes ses parties, de l'architecture la plus lourde et la plus défectueuse.

ALLEMAGNE, ANGLETERRE ET SUISSE.

A VIENNE. L'église du couvent de *Saint-Charles* est la plus belle de Vienne : elle est isolée sur une petite colline. L'empereur Charles l'a fait bâtir à grands frais, pour accomplir un vœu qu'il fit en 1713, quand la peste désola la ville. Le bâtiment fut achevé en 1737. Les tableaux qui ornent l'église sont de Schuppen, Gran, Rothmayer, Ricci et Pelegrini.

On voit en Angleterre un antique monastère qui fait honneur à la tolérance anglaise. Il fut respecté dans le temps de la prétendue réforme, et a toujours subsisté depuis. C'est un couvent d'hommes, dans un faubourg écarté de la ville de Winchester; des moines catholiques vivent là paisiblement dans une profonde solitude, en se renouvelant toujours. Depuis la révolution, ils suivent la règle de saint Benoît. Ils ne sont connus que par les louanges du pauvre, toujours accueilli avec affection dans leur asile. Le lieu qu'ils occupent est appelé *Hide house* (maison cachée). Ces religieux sont universellement aimés pour leur éminente vertu. On trouve encore en Angleterre deux couvens de religieux (dont l'un est près de Londres), conservés et tolérés depuis la révolution. Plusieurs Anglais catholiques y font élever leurs filles. (1)

En Suisse. Le monastère d'*Einsideln*, le plus grand monument de la Suisse. Cette prodigieuse masse de bâtimens est située dans un fond, et entourée, de toutes parts, d'énormes montagnes couvertes de neige. L'extérieur du couvent est très-majestueux ; l'intérieur, avant la révolution, était fort riche, mais sans goût.

Einsideln était un pélerinage fameux. Les pélerins y accouraient en foule de plusieurs villes d'Allemagne et de toutes les parties de la Suisse, depuis plus de 500 ans.

« En ne considérant ce pélerinage (dit le tra-
« ducteur de M. Coxe) que dans le sens philoso-
« phique, n'a-t-on pas quelques réflexions satis-
« faisantes à faire dans un lieu où la faible et souf-
« frante humanité vient chercher des secours con-
« tre les maux de l'ame, un lieu que les cons-
« ciences effrayées regardent comme un port as-
« suré contre les orages qui les tourmentent ?

____

(1) Depuis la révolution de France, plusieurs autres couvens ont été établis en Angleterre, avec l'approbation du gouvernement.

« Respectons toutes les espérances de la souffrance
« et du malheur. » (1)

L'abbaye de *Saint-Gal.* Son abbé est prince de l'Empire.

L'abbaye d'*Engelberg.* Son abbé est aussi prince de l'Empire.

L'église et l'abbaye sont en marbre noir et en pierre blanche.

RUSSIE.

Le couvent de religieux de *Trotskoy,* en Russie, ou de la *Sainte-Trinité,* est si vaste, qu'à une certaine distance, on croirait que c'est une petite ville. Il est environné, comme plusieurs couvens de Russie, de fortifications considérables, à l'ancienne manière, c'est-à-dire d'une haute muraille de briques, avec des créneaux et des tours. Tous ces ouvrages sont entourés d'un fossé profond. Il y a dans cette enceinte, outre l'habitation des moines, un palais impérial et neuf grandes églises, et enfin un séminaire. On y comptait jadis trois cents moines, et des étudians séminaristes à proportion. On ne compte à présent, dans ce monastère, qu'une centaine de religieux, et environ deux cents étudians destinés à l'église. Les églises de ce couvent sont d'une grande richesse en ornemens. On trouve dans la principale quelques tombeaux d'anciens princes russes.

---

(1) Voyage de Suisse, traduit par le citoyen Ramond.

GRÈCE ET ASIE.

L'UN des plus hospitaliers monastères de la Grèce est celui de *l'île d'Andros*. Les moines grecs nourrissent les voyageurs tout le temps de leur séjour, et leur donnent de l'argent, s'ils en ont besoin.

Dans Amourgo, l'une des Sporades, le monastère des moines grecs est très-curieux; il est pratiqué dans une caverne large et profonde, sur le penchant d'une montagne très-élevée. On n'y peut aller que par un sentier fort étroit dans le roc, et, pour y arriver, il faut monter une échelle de 15 ou 20 échelons, au haut de laquelle on trouve une petite porte de fer qui est la seule entrée. L'église, le réfectoire et les cellules des religieux, sont taillés dans le roc avec un art admirable. Il y a 50 ou 60 ans que les religieux de cette grotte étaient au nombre de cent, et vivaient en communauté.

Le plus considérable des monastères des moines grecs, en Asie, est celui du *Mont Sinaï*, fondé par l'empereur Justinien, et richement doté. C'est un grand bâtiment de figure carrée, entouré de murailles de 50 pieds de hauteur : elles n'ont qu'une porte, qui est même bouchée pour en défendre l'entrée aux Arabes ; et, du côté de l'orient, est une fenêtre par où ceux du dedans tirent les pélerins, à l'aide d'une corbeille qu'ils descendent au bout d'une corde passée dans une poulie. (1)

~~~~~~

CHAPITRE XIV.

CIMETIÈRES, CATACOMBES, HERMITAGES, GROTTES.

En Italie, le cimetière de *Pise* est aussi célèbre que la tour inclinée de cette même ville. On appelle ce cimetière *les charniers*, ou le *campo santo*. C'est une cour de 450 pieds de longueur, environnée d'un vaste portique bâti en 1278, sur les dessins de Jean de Pise. Il y a 60 croisées en arcades, qui sont d'un gothique très-léger. Ce portique est bâti et pavé de marbre, orné de peintures anciennes, et rempli de monumens intéressans.

Foppone, ou *Sepolcri del ospital maggiore*, à Milan, grand cimetière en portique, d'une forme à peu près circulaire, construit aux frais de M. Annone, qui y est enterré. On arrive à ce cimetière par une belle allée; le portique est soutenu par

---

(1) Plusieurs peintres, et, entre autres, Péternefs et Panini, ont consacré leurs talens à peindre des intérieurs d'église. Péternefs et Panini ont excellé dans ce genre. M. le duc de Choiseul possédait un beau tableau de Panini, qui représentait l'intérieur de Saint-Pierre de Rome. M. de Luynes, en 1786, avait dans sa collection de tableaux plusieurs beaux péternefs.
~~~~~~

un grand nombre de colonnes doriques de granit, de dix en dix pieds, avec des grilles de distance en distance. Sous ce magnifique portique sont les caveaux qui servent de sépulture. Dans l'espace vide on a bâti une église qui est en forme de croix. Le portique est régulier et percé de fenêtres qui donnent sur la campagne et sur la ville ; il a un air de grandeur ; ce coup d'œil est frappant, et n'a rien de lugubre et de funéraire.

En France, à Bordeaux, le cimetière de l'église de *Saint-Séverin* est très-curieux, par un tombeau de pierre élevé sur quatre piliers, du haut duquel il découle, des deux côtés, des gouttes d'eau qui augmentent, dit-on, lorsque la lune est dans son plein, et qui, à son déclin, diminuent.

En Portugal, dans la ville d'Evora, dans l'Alentejo, se trouve un cimetière très-curieux ; il est sur la place d'Evora, dans un couvent de Franciscains. Après avoir traversé l'église, on entre sous une grande voûte formant le charnier, qui a 66 pieds de long sur 36 de large. Les piliers, au nombre de huit (quatre de chaque côté), sont entièrement recouverts, ainsi que les murs, de crânes et d'ossemens humains, incrustés solidement avec un ciment très-fort. Ce lieu, qui n'a point de fenêtres, n'est éclairé que par une lampe suspendue à la voûte par une longue chaîne de fer. Un grand crucifix, placé au fond du caveau, est le seul ornement de ce lugubre cimetière.

Les voyageurs vont voir, à Lisbonne, le cimetière *du comptoir anglais*, où reposent les cendres du célèbre Fielding, mort en Portugal. C'est un Français qui lui fit élever un monument en 1786. (1)

En Suisse, le cimetière de *Zug* mérite d'être cité. Toutes les tombes de ce cimetière sont exactement semblables. Cette uniformité a quelque chose de moral dans ce dernier asile, où l'homme riche et puissant ne saurait occuper plus d'espace que le pauvre.

Les tombes sont formées par des pierres grisâtres et polies de deux pieds et demi de haut, sur lesquelles sont écrites les épitaphes, et surmontées d'une croix très-ornée et fort bien dorée. Chaque tombe est entourée de fleurs les plus rares et les plus belles, cultivées avec soin par les parens du mort. Toutes les tombes sont séparées les unes des autres par des petits fossés. Les familles qui cultivent ces fleurs viennent les arroser tous les soirs, et, en outre, décorent les croix et les tombes de couronnes et de guirlandes de fleurs tous les dimanches, ce qui forme un spectacle aussi agréable que singulier et touchant.

En Suisse, encore près de la ville de Morat, on rencontre, sur la grande route, une petite chapelle grillée dans tout son pourtour, et qui contient les ossemens des Bourguignons tués à la ba-

---

(1) Fielding mourut en 1754.

taille de Morat, où Charles le Téméraire perdit la vie.

En Angleterre, le cimetière du *Bury*, dans le comté de Suffolck, mérite d'être vu. Plusieurs beaux monumens gothiques en font le principal ornement. Ce cimetière sert de promenade aux habitans de la ville, chose très-commune en Angleterre dans les provinces.

Les catacombes de *Saint-Laurent*, à Rome, sont célèbres ; mais celles de Naples, beaucoup plus vastes, le sont davantage encore. Ces dernières catacombes, qui s'appellent de *Saint-Janvier*, parce qu'elles ont une entrée dans cette église, ne s'étendent pas sous la ville, ainsi que celles de Rome : elles sont pratiquées au nord de Naples, au travers d'une montagne, et creusées les unes sur les autres. Ces souterrains ne sont pas taillés dans le roc vif, mais ils le sont en partie dans la pierre dont on se sert à Naples pour bâtir, et dans une espèce de sable d'un jaune roussâtre, ferme et même dur en certains endroits, et qui est une véritable pouzzolane durcie. Il y a trois ordres de galeries ou trois étages l'un au-dessus de l'autre ; mais les tremblemens de terre en ont fermé les issues : on ne va même plus dans l'étage inférieur. Depuis l'entrée restée libre des catacombes, on marche long-temps dans une rue droite qui a dix-huit pieds de large, et dont la voûte peut avoir environ quatorze pieds de hauteur dans sa plus grande élévation. Cette voûte devient ensuite irrégulière, et semble avoir été percée au hasard dans la montagne, ainsi que diverses autres rues plus petites, dans lesquelles elle communique de tous côtés. Parmi ces différentes salles souterraines, il s'en trouve qui paraissent avoir été des chapelles. Deux de ces chapelles contiennent des autels de pierre brute, et quelques peintures à fresque, très-mauvaises, d'un goût gothique, mais dont les couleurs sont encore assez vives : elles représentent la Vierge et des saints, et paraissent être du dixième siècle. Dans toute la largeur des murs, on apperçoit, de deux côtés, une quantité prodigieuse de cavités percées horizontalement ; on en voit quelquefois six ou sept les unes au-dessus des autres. Ces cavités sont toutes assez grandes pour recevoir un corps humain, mais non pour un cercueil. Il paraît qu'on ne les faisait que sur la grandeur de ceux qu'on devait y mettre, tant les mesures en sont variées ; on en apperçoit pour tous les différens âges, et même pour l'enfance. Lorsque les corps y étaient déposés, on fermait l'entrée de ces trous avec une longue pierre plate, ou avec plusieurs grandes tuiles rapprochées et scellées à chaux et à ciment. Dans bien des endroits on rencontre des chambres avec des niches où l'on dressait les corps ; elles ont presque toutes au fond et par terre un ou deux cercueils en forme d'auge. On y voit aussi des tombeaux, dont plusieurs sont revêtus de mosaïques du bas âge ; il y en a même qui n'ont point été ouverts. Les trous ou les niches dont on vient de parler sont vides, les cadavres en ayant été enlevés ; et, si l'on apperçoit encore des ossemens dans certains lieux, on assure que ce sont les restes des corps qu'on y mit lors de la dernière contagion. L'opinion la plus générale sur les catacombes est qu'elles furent creusées par les chrétiens pour s'y retirer dans les temps de persécutions, y célébrer les saints mystères, et en faire le lieu de leur sépulture.

Entre Aix, Marseille et Toulon, à deux lieues de la petite ville de Saint-Maximin, est la montagne fameuse appelée la *Sainte-Baume*, où, suivant la tradition du pays, sainte Madelaine se retira, et vécut pendant trente ans dans une grotte de cette montagne, qu'on a depuis honorée et décorée comme une chapelle. Cette grotte est très-élevée. Avant la révolution, des flambeaux l'éclairaient jour et nuit, et laissaient voir la figure gigantesque de la sainte. Au fond de la grotte est un réservoir d'une eau excellente, qui ne tarit jamais. A côté de cette grotte et au milieu d'un rocher taillé à pic, on avait construit un couvent de Jacobins ; au sommet de la montagne était une chapelle nommée le *Saint-Pilon*. On y arrivait par un chemin pierreux et difficile (1). Le plus fa-

____

(1) Marie-Madelaine, confondue mal à propos avec la pécheresse de l'Évangile, n'est jamais venue en Provence ni en France : elle souffrit le martyre à Éphèse, et y fut enterrée.

meux des hermitages est celui des Camaldules en
Italie, près de Turin; il fut bâti en 1602, en conséquence d'un vœu fait par Emmanuel le Grand,
durant la peste de 1599. Il y a dans l'église des peintures estimées, de Franceschini. L'ordre des Camaldules fut fondé par saint Romuald, l'an 1009.
Leur nom vient de la solitude appelée *Camaldoli*,
près d'Arezzo, où fut bâti le premier monastère
de cet ordre.

Dans le Northumberland, en Angleterre, à un
mille de la petite ville de Warckworth, est une
caverne fameuse, nommée l'*Hermitage*, dans laquelle on trouve une chapelle.

Il y a en Suisse, sur les monts Grimsel et Saint-
Bernard, des hermitages d'une extrême utilité aux
voyageurs. Les charitables hermites secourent et
reçoivent les voyageurs avec la plus touchante
humanité. On en trouve aussi de semblables dans
les Pyrénées. (1)

On voit, à une lieue de Fribourg, un fameux
hermitage bâti dans le roc par un hermite nommé
Jean Dupré de Gruyer, et son valet. On admire
sur-tout le clocher et la cheminée de la cuisine; le

---

(1) Les anciennes *laures* de la Palestine étaient les demeures des solitaires qui logeaient dans des cellules à une certaine distance les unes des autres, et qui vivaient en société,
sous l'obéissance d'un supérieur. La première de ces *laures*, si
célèbres en Orient, fut fondée par saint Chariton. Ce saint vécut sous Aurélien, et mourut vers l'an 340.

canal de cette cheminée a 90 pieds de haut. Ces deux hommes bâtirent cet hermitage en vingt-cinq ans.

On trouve à Saxelen, dans le canton d'Under-wald, la tombe révérée d'un hermite justement célèbre en Suisse, celle de Nicolas de Flue. Cet homme vertueux, après avoir été le premier magistrat d'Underwald, après avoir montré dans cette place autant de talens que de vertus, se fit hermite. Au bout de quelques années, de violens troubles s'élevèrent dans la Suisse ; les fédérés envoyèrent des députés à Stanz ; tout annonçait une guerre civile. Lorsque Nicolas de Flue parut tout à coup au milieu des députés, il leur parla avec tant d'éloquence, qu'ils le prirent pour arbitre de leur différent. L'effet de sa médiation fut un accommodement à l'amiable, qui termina leurs démêlés ; ce qui produisit cette convention fameuse, connue sous le nom de convention *de Stanz.* Après avoir ainsi appaisé les troubles civils de la Suisse, Nicolas de Flue fut se renfermer dans son hermitage, où il mourut en 1487. (1)

____

(1) Saint Antoine fut le patriarche des cénobites. Ces pieux personnages, qui se vouaient à la méditation et à la prière, n'hésitaient point à s'arracher de leur retraite, dès qu'ils avaient l'espoir d'être utiles. Ce fut ainsi que, vers l'an 311, la persécution étant allumée contre les chrétiens, par la fureur du tyran Maximin, saint Antoine quitta son désert, et se rendit à Alexandrie, afin d'y servir les chrétiens dans les mines et dans les prisons. Il les suivait au supplice, et recevait

En Portugal, le couvent de *Liége*. C'est un her-mitage près de Lisbonne ; il est en partie creusé entre les rochers qui servent de voûtes à l'église, à la sacristie, au chapitre, etc. , et en partie bâti au-dessus. Les appartemens inférieurs sont éclairés par des ouvertures percées obliquement dans le roc, et garnis de liége pour les préserver de l'hu-midité , d'où lui est venu le nom de *couvent de Liége*. Il est habité par environ vingt hermites de l'ordre austère de saint François.

Le *mont Serrat*, en Espagne ; montagne com-posée de rochers escarpés et prodigieusement éle-vée. On découvre , dit-on, de son sommet, jus-qu'aux îles Baléares, qui en sont éloignées de plus

---

leur dernier soupir ; il exposa de la sorte mille fois sa vie ; et, dès que la persécution eut cessé, il retourna dans sa solitude. Tous les solitaires se conduisirent ainsi dans tous les temps. Dans les temps de peste , ils sortaient en foule de leurs déserts , pour aller soigner les pestiférés. L'Évangile disait à tous que servir ses frères , c'est servir Dieu. Vers l'an 262 , les chrétiens, persécutés dans Alexandrie , s'y trouvèrent en grand nombre, parmi les païens attaqués de la peste ; mais ils restèrent volon-tairement dans la ville , pour soigner ces païens pestiférés, abandonnés de leurs parens et de leurs amis , qui avaient pris la fuite. Les solitaires des déserts accoururent se joindre à eux , et ces chrétiens , après avoir rempli ces pieux devoirs pendant plu-sieurs mois , furent aussi attaqués du même mal , et moururent tous. L'église les honore comme martyrs , pour s'être volon-tairement exposés à la mort en secourant les païens qui avaient été leurs persécuteurs.

de 60 lieues. La partie la plus intéressante de la montagne est le désert où sont répandus plusieurs hermitages. On trouve, dans chacune de ces retraites, une chapelle, une cellule, un puits creusé dans le roc, et un petit jardin. Les hermites qui les habitent sont presque tous des gentilshommes, qui, dégoûtés du monde, viennent dans ce séjour se livrer à la plus utile et la plus sublime de toutes les méditations.

Pourquoi tourne-t-on en ridicule la piété qui se retire dans les déserts, lorsqu'on admire la philosophie qui renonce au monde ? Pour que cette action soit intéressante, faut-il être irréligieux ou misanthrope ? On voit à Paris, dans le palais du sénat, au Luxembourg, un beau tableau de M. Vien, représentant un hermite endormi.

M. Greuse a fait jadis un tableau charmant, qui représente un vieil hermite visité par une troupe de jeunes paysannes. Ce tableau se trouvait dans une vente publique, le 26 mars 1786.

***

CHAPITRE XV.

HOPITAUX, HOSPICES, UNIVERSITÉS, etc.

Tous les édifices qui renferment de célèbres universités, et les hôpitaux desservis par les héros de l'humanité soignant des pauvres, sont des *monu-*

mens religieux ; ils ont été fondés, ou par des ecclésiastiques, ou par la piété, et furent, dès l'origine, dirigés par des ministres de la religion : ainsi on en doit faire mention dans cet ouvrage, en ne citant que les plus célèbres.

L'un des plus anciens établissemens dans ce genre, fut le magnifique hôpital que saint Basile fit bâtir vers l'an 371, dans un faubourg de Césarée : on y recevait tous les pauvres malades, et même les étrangers ; cependant cet hôpital fut spécialement établi pour les lépreux. Ces infortunés, privés du commerce de leurs proches, fuis et redoutés de tous les hommes, ne trouvèrent de secours que dans la charité chrétienne. La crainte et l'égoïsme détruisaient pour eux les liens de la nature et de l'amitié; la religion devint leur seul refuge.

Les chanoines hospitaliers de l'ordre du Saint-Esprit eurent pour fondateur Gui de Montpellier, qui bâtit dans cette ville, sur la fin du douzième siècle, un célèbre hôpital pour les pauvres malades. Des religieux furent institués pour les soigner. Innocent III fit bâtir, à Rome, un hôpital en 1198, pour les malades et pour les enfans abandonnés ; il fit venir de Montpellier des religieux du Saint-Esprit, pour en prendre soin, et nomma aussi son hôpital, comme celui de Montpellier, *l'Hôpital du Saint-Esprit.* En 1471, Sixte IV augmenta considérablement cet hôpital, qui subsiste encore aujourd'hui à Rome, et qui est immense. Il y a mille lits pour les malades; il contient des chambres séparées pour les frénétiques et pour les maux contagieux : on y entretient un grand nombre de nourrices : enfin on élève 500 garçons jusqu'à l'âge où ils peuvent gagner leur vie, et 500 filles, jusqu'au même âge; alors on leur donne 50 écus romains de dot, si elles veulent se marier, ou on les place dans des couvens.

On éprouve un sentiment d'attendrissement et de respect, en voyant des ruines qui retracent des souvenirs intéressans, ou qui rappellent quelques actions brillantes ; mais que ne doit-on pas ressentir en entrant dans un lieu où tant d'infortunés reçoivent de tels secours, dans un lieu consacré par une charité si active et si persévérante, dans un lieu où depuis 600 ans, sans interruption, tant de bienfaiteurs du genre humain ont dévoué leur existence et sacrifié leur santé au devoir de soulager le pauvre, de soigner l'infirme, et de recueillir et d'élever l'orphelin abandonné ? Que ces murs sont respectables ! Ils n'ont renfermé que ce qui devrait toujours se trouver réuni sur la terre, la souffrance et les secours, l'infortune et la pitié ! L'Italie est remplie de fondations de cette espèce.

En France, à Paris, la maison des utiles et respectables pères de la mission, s'appelait *Saint-Lazare*, parce qu'elle fut jadis un hôpital pour les lépreux (1). Cette maison est grande et très-belle;

____

(1) Les chevaliers de Saint-Lazare furent originairement

elle était autrefois remplie d'excellens tableaux.

L'*Hôtel-Dieu*, les *Enfans-Trouvés* de Paris,
le magnifique *Hôtel-Dieu* de Lyon, et tous les
hôpitaux de France, ainsi que les anciens colléges, étaient des monumens religieux.

En Espagne, l'archevêque de Tolède, qu'on ne
peut louer dignement que par le récit de ses actions, a transformé en hôpital l'*Alcazar*, ancien
palais des rois goths. Il en a rebâti, à ses frais,
tout le rez-de-chaussée ; il y a établi des manufactures, fondé un hospice pour de pauvres veuves
et des vieillards ; il y a recueilli deux cents enfans
du peuple, qu'il y fait élever et entretenir, et qui
y trouvent, dans une école de dessin établie pour
eux, les moyens d'acquérir de l'aptitude à différens métiers et à presque tous les arts (1). D'autres

---

institués pour soigner les pauvres lépreux dans les hôpitaux
destinés à les recevoir ; ils étaient même obligés de recevoir des
lépreux dans leur ordre ; et ce qui est remarquable, c'est qu'ils
ne pouvaient élire pour grand-maître qu'un chevalier lépreux :
ce qui a duré jusque sous le pontificat d'Innocent **IV**, c'est-à-
dire vers l'an 1253. Ce réglement, qui paraît bizarre, fut dicté
par un sentiment sublime de charité. On voulait que le chef de
cet ordre, consacré à soigner les lépreux, eût un motif particulier et pressant de s'intéresser à ces infortunés, et de les protéger. Que la bienfaisance philosophique est peu de chose en
comparaison de la charité chrétienne !

(1) Ce digne prélat, pour se livrer à cette immense charité,
s'est réduit personnellement à l'absolu nécessaire ; il donne en-

ecclésiastiques ont formé une multitude d'établissemens de ce genre en Espagne et en Portugal.

On ne parlera plus que d'un hôpital nouvelle-
ment fondé et l'un des plus touchans monumens
que la religion ait consacrés à l'humanité : c'est l'hôpital de *Saint-Antoine*, établi à Smyrne il y a
vingt-sept ans, par un récollet, le frère *Luigi di
Pavia*. Cet homme vertueux, ayant été attaqué de
la peste, fit vœu, s'il échappait à cette maladie,
de soigner chaque année au moins un pestiféré ;
mais, lorsqu'il fut guéri, il résolut de consacrer sa
vie entière à ce pieux et sublime emploi. Avec
le secours de sa famille qui est riche, il a fondé
cet hôpital, dans lequel il sert les malades, qui
y sont traités gratuitement. (1)

L'université d'*Oxford* est composée de vingt
colléges, et douze de ces colléges ont été fondés
par des évêques et archevêques catholiques, et différens ecclésiastiques ont été bienfaiteurs des huit
autres et des *cinq salles* qui, outre ce qu'on ap-

---

core aux pauvres la plus grande partie de son temps, présidant
lui-même aux différentes écoles qu'il a fondées : cependant il
cultive les lettres ; il a donné au public plusieurs ouvrages d'é-
rudition très-estimés. *Voyez* tous les voyages d'Espagne,
entre autres, *Nouveau Voyage en Espagne*, ou *Tableau
de l'état actuel de cette monarchie*, édition de 1789.

(1) *Constantinople, ancienne et moderne*, traduit de
l'anglais par *André Morelet* ; ouvrage aussi agréable qu'il
est instructif.

pelle les *colléges*, complètent cette fameuse université, dont les bâtimens, dispersés dans la ville,
n'offrent rien de bien remarquable pour l'architecture, à l'exception du *théâtre*, qui est un bel
édifice, et dont Christophe Wren donna le plan.
C'est dans ce lieu qu'on tient les assemblées publiques, que les élèves, à de certaines époques,
déclament ou lisent leurs compositions, et que
l'on distribue les prix. L'archevêque Sheldon fit
bâtir ce théâtre, et le donna à l'université. On
voit dans cette université la *galerie des Hommes
illustres*, contenant des portraits de grands
hommes de toutes les nations; les *marbres d'A-
rondel*, dus à la générosité de Henri Howard,
comte d'Arondel, et à celle de la comtesse de
Pomfret. Ce sont plusieurs monumens très-an-
ciens, tant grecs que latins, venus du Levant;
et les bibliothèques Bodleyène et Radcliff, fondées
par les docteurs Bodley et Radcliff.

Dans le collége du *Christ*, fondé par le fameux cardinal Wolsey, se trouve la statue, en
marbre, de Locke, qui fut jadis membre de ce
collége.

Des seize colléges de *Cambridge*, cinq ont été
fondés par des ecclésiastiques, six par des femmes, et le reste par des rois. Le collége de la
Trinité de cette université possède une très-belle
statue de Newton, par Roubillac, sculpteur français. L'artiste a représenté Newton debout, en
robe de chambre, ayant un bas déroulé, qui laisse

voir une de ses jambes nues. Le désordre de cet habillement négligé est très-pittoresque. Newton a la tête découverte ; il tient un prisme ; sa figure est simple, bien posée, bien dessinée, et sa physionomie pleine d'expression. Ce collége de la Trinité est célèbre par les grands hommes qui en sont sortis. Lord Bacon, Isaac Newton, le poète Cowley, le docteur Barrow, Driden, Ray, les docteurs Bentley et Smith, y furent élevés. Les bâtimens de cette université sont très-somptueux, mais ils sont plus imposans par leur étendue et par leur magnificence, que remarquables par la beauté de l'architecture. Par une loi expresse et très-sage, faite depuis la prétendue réformation, nul professeur ne peut être admis dans cette université, ainsi que dans celle d'Oxford, s'il est marié : ainsi, tandis que des écrivains *catholiques* déclamaient, parmi nous, contre le célibat des prêtres (et prétendaient qu'il faut être *époux* et *père* pour pouvoir bien élever les enfans des autres), des protestans excluaient des deux plus fameuses universités de l'Europe, les instituteurs mariés, parce qu'ils reconnaissaient une vérité fort triviale, mais très-frappante ; c'est qu'il est impossible de se consacrer tout entier à l'éducation publique, quand on est occupé des soins de son ménage.

Il faut classer encore dans les monumens religieux, les *Monts-de-Piété*, tels qu'ils sont établis en Italie. Il paraît, dit M. de Lalande, que le premier Mont-de-Piété fut établi à Orviette, par le pape Pie II, vers 1463, et ce fut pour empêcher l'excessive usure des juifs, qui abusaient de la situation des pauvres et des gens endettés, en prêtant sur gages à des interêts exorbitans. D'autres attribuent cette utile institution à ce pape si célèbre par ses vertus et par la protection éclatante qu'il accorda aux arts, (Léon X). Les deux plus fameux Monts-de-Piété, en Italie, sont ceux de Turin et de Naples. Le bâtiment actuel du grand Mont-de-Piété, à Naples (car il y en a plusieurs), est fort beau : il fut fait en 1598, sur les dessins de Fontana ; il y a quelques bonnes peintures dans l'église. On y prête sur toutes sortes de gages et sans intérêts, pendant deux ans, si la somme empruntée n'excède pas la somme de dix ducats ; ce qui revient à 43 livres de notre monnaie. Cette charité, si utile au peuple, méritait bien que les papes donnassent à ces établissemens le surnom de *pieux*. C'est ainsi que le concile de Trente les désigne. Quand l'emprunteur demande un temps plus considérable que deux ans, ou une somme au-dessus de dix ducats, on exige un intérêt qui est réglé sur l'état actuel du commerce. Tous les Monts de-Piété d'Italie observent ces mêmes lois. Les gages se vendent au bout de trois ans, si l'on ne fait pas rafraîchir les billets. Comme il n'y a point de dépôt plus sûr et plus sacré, beaucoup de particuliers y déposent de l'argent et des bijoux. La maison fait aussi des aumônes, et marie des filles sur les profits de la banque. On est si convaincu, à Naples, de l'utilité et de la sainteté de cet établissement, qu'on le nomme, dans les actes, *sacro monte*. Le peuple croit même que les gages qu'on y dépose, habits, vêtemens de toute espèce, y sont miraculeusement garantis de toutes sortes d'insectes. Ces idées religieuses inspirent un tel respect pour la banque du Mont-de-Piété, que, dans les séditions les plus violentes et dans les temps où l'on pillait impunément par toute la ville, on n'a jamais fait la moindre entreprise contre cette maison ; les séditieux eux-mêmes y mettaient des sauvegardes, et les ministres du Mont-de-Piété y remplissaient leurs fonctions avec autant de tranquillité qu'en pleine paix. Les magasins de cette maison sont prodigieux et remplis de meubles, bijoux, habits, etc., et de richesses éblouissantes, gages fastueux d'une pauvreté réelle et secrète.

On pourrait compter encore, parmi les monumens religieux, un grand nombre de villes qui ont dû leur existence à des saints ; celles de la république de Saint-Marin, plusieurs villes d'Irlande et d'Écosse : on en trouverait encore en Allemagne, en Espagne, en Portugal, etc. ; mais on ne citera qu'une ville plus intéressante pour nous.

Dans les premiers siècles du christianisme, des pêcheurs se réfugièrent sur un rocher nommé *Maclowen* ; des fugitifs du royaume de Kent se joignirent à eux, et cette peuplade forma bientôt une nombreuse société de pirates ; de pauvres re-

ligieux s'établirent sur ce même rocher, et parmi
des bandits féroces qui ne vivaient que de guerre
et de rapines; ils osèrent prêcher la justice et la
paix. S'ils n'eussent fait que débiter les maximes
vagues d'une morale sans base et sans autorité, on
les eût exterminés; mais ils parlèrent avec simplicité au nom de Dieu même; la curiosité, l'étonnement, le respect et l'admiration, devinrent leur
sauvegarde : on les écouta; ce peuple naissant em-
brassa le christianisme; les religieux, l'Évangile à
la main, lui donnèrent des lois : un évêque fut
appelé; il consacra avec pompe le rocher *Maclowen;* les habitans et les maisons se multipliè-
rent; il se forma une ville, et elle prit le nom ré-
véré du saint évêque, qui acheva de perfectionner
sa police et ses lois : c'est aujourd'hui la ville de
Saint-Malo.

CHAPITRE XVI.

CALVAIRES ET AUTRES MONUMENS PUBLICS.

En Italie, le *val Sesia*, dont la capitale est *Va-
rallo*, est remarquable par le *Sacré Mont*. C'est
un assemblage de plus de cinquante chapelles, où
les mystères de l'ancien et du nouveau Testament
sont représentés en figures grandes comme nature.
On y va en pélerinage.

A Venise, dans l'église des religieuses du *Saint-*

Sépulcre, on voit une espèce de montagne de marbre, sous laquelle est représenté un sépulcre semblable à celui de Jésus-Christ à Jérusalem. Il fut construit en 1484, treize ans après la prise de Négrepont, par les Turcs, en conséquence du vœu que firent deux dames vénitiennes, jeunes et riches, de se consacrer à Dieu, si elles échappaient à la captivité chez les Turcs. Lorsque le péril fut passé, elles élevèrent ce monument, et se firent religieuses.

Il y avait, près de Paris, avant la révolution, un calvaire fameux sur le *Mont-Valérien.* Cette montagne est très-escarpée : on découvre, de son sommet, une vue admirable : on y trouvait plusieurs petites chapelles, contenant des groupes de statues coloriées, représentant toute l'histoire de la passion. Ces statues n'étaient pas bonnes (nulle statue coloriée ne peut l'être); cependant plusieurs de ces groupes étaient assez bien composés.

Voici les monumens religieux les plus remarquables qui se trouvent sur différentes places publiques de l'Europe :

La grande fontaine de Termini, à Rome, qui est sur le mont Viminal, près des Chartreux, est une des trois fontaines prodigieuses que l'on admire à Rome, et l'un des plus grands ouvrages de Sixte-Quint : elle est formée par une eau appelée *acqua felice,* qui est la meilleure de Rome. Cette fontaine est ornée de marbres, de granit et de colonnes ioniques, sur les dessins du chevalier Fontana. Il y a dans cette fontaine trois niches. Dans celle du milieu est une statue demi-colossale; elle représente Moïse frappant le rocher, et en faisant jaillir de l'eau. Cette statue est de Prospero Bresciano ; quoiqu'un peu lourde, elle a un grand caractère. D'autres statues moins estimées décorent cette fontaine : on y a placé deux lions égyptiens, de basalte, qui sont d'une grande beauté. (1)

Le pont *Saint-Ange*, à Rome, a 300 pieds de

---

(1) Il existe beaucoup de fontaines naturelles consacrées par la piété. Avant la révolution, on faisait, tous les ans, le 2 juin, à Andelys en Normandie, une procession à la fontaine de *Sainte-Clotilde*. Là, le doyen, à la tête du chapitre, y répandait du vin, et les pélerins, qui accouraient à cette dévotion, se jetaient dans la fontaine, dans l'espoir de guérir de tous leurs maux. Les hommes étaient, dans ce bain, séparés des femmes par une muraille qui partageait la fontaine en deux parties. Cette cérémonie se faisait en mémoire d'un miracle attribué à sainte Clotilde, dans le temps où l'on bâtissait en ce lieu un monastère. La tradition porte que la sainte changea en vin l'eau de la fontaine, pour favoriser les ouvriers. La fameuse fontaine de *Saint-Joseph*, en Provence, était regardée comme miraculeuse, ainsi que la fontaine de *Sainte-Agathe*, à Crespy, près de Senlis. Il y a dans la forêt d'Escars une fontaine où l'on faisait des pélerinages. A deux lieues de là, on en faisait aussi à la fontaine de Bénac. En Angleterre, le fameux puits de *Sainte-Venefrède*, dont l'origine est attribuée à un miracle de cette sainte, se trouve au pied d'une colline, au-dessous de la ville de *Holywell* (*puits saint*), à laquelle il donna son nom. Ce puits est beau et curieux ; son eau est excellente pour diverses maladies.

long. Il s'appelait jadis, *pons Ælius*, parce qu'il fut bâti par l'empereur *Stelias Hadrianus*, en face du beau mausolée qu'il se fit élever lui-même, et il a pris le nom de pont Saint-Ange, lorsque ce mausolée d'Adrien fut appelé *château Saint-Ange*, dans le sixième siècle. Les papes l'ont fait restaurer, et ensuite refaire; ils en ont augmenté les dimensions, et l'ont magnifiquement décoré. Ce pont est composé de cinq arches; les statues de Saint-Pierre et de Saint-Paul, qui sont à l'entrée du pont, y furent placées par Clément VII. Clément IX le fit orner sur les dessins du Bernin : on y mit alors des parapets, des grilles de fer et dix grandes figures d'anges en marbre, qui tiennent les instrumens de la passion. L'ange qui tient la colonne est d'Antoine Ruggi; celui qui montre le Saint-Suaire est de Coscino Fancelli; le troisième, qui tient les clous, est de Jérôme Lucenti; le quatrième, avec la croix, est d'Ercole Ferrata; le cinquième, portant la lance, de Dominique Guido; le sixième, tenant les verges, de Lazzaro Morelli; le septième, qui tient les dés et la robe, et le huitième, qui porte la couronne d'épines, sont de Paul Nardini; le neuvième, qui montre l'inscription, est du Bernin; et le dixième, qui porte l'éponge, est d'Antoine Giorgetti. Aucun autre pont en Europe n'offre une décoration aussi riche et aussi belle.

Le *château Saint-Ange*, en latin, *Moles Hadriani*, fut fait par l'empereur Adrien, pour lui servir de tombeau, en opposition avec celui d'Auguste, qui était de l'autre côté du Tibre. Ce monument avait, comme celui d'Auguste, la forme d'un carré, au milieu duquel s'élevait une tour ronde tout inscrustée de marbe de Paros, couronnée par des statues, des chars, des chevaux, et la pomme de pin, en bronze, qui est au Vatican. L'édifice était entouré d'une colonnade : on montait intérieurement jusqu'au haut, par une pente douce en spirale, où les voitures pouvaient aller. Lorsque l'empereur Aurélien eut renfermé le Champ-de-Mars dans l'enceinte des murs, le mausolée d'Adrien s'en trouva si voisin, qu'il devint naturellement une citadelle. Dans la guerre des Goths, les Romains s'y défendirent souvent. Les Goths prirent plusieurs fois ce château : on brisait les statues pour en jeter les morceaux sur l'armée des assiégeans, en sorte que tout ce bel ouvrage fut dégradé. Les exarques de Ravenne l'occupèrent successivement, et continuèrent de le ruiner. On trouve dans les écrits du pape saint Grégoire, que dans une vision un ange qu'il apperçut sur le haut de cette forteresse, lui annonça que la peste de 593 allait cesser. En mémoire de cet événement, la tour fut nommée *château Saint-Ange*, et l'on y plaça une statue d'ange, pour lui servir de couronnement. Cette statue fut d'abord de marbre : elle est aujourd'hui de bronze, fondue par Giardoni, d'après le modèle de Pierre Verchaffelt, sculpteur flamand.

Les papes, protecteurs éclairés des beaux-arts et des sciences, et réparateurs persévérans des déprédations des barbares, ont restauré, reconstruit en partie et embelli ce château. Boniface IX en fit une belle forteresse, que les papes suivans achevèrent de fortifier. On y plaça des canons et des armes pour le besoin, qui y sont rassemblés dans une salle destinée à cet usage. La grande salle du château est ornée de plusieurs tableaux. Il y a d'autres chambres peintes par Jules Romain, Pierino, del Vaga et autres peintres célèbres; un belveder qui donne sur la campagne. On y voit de beaux ornemens de stuc, faits par Raphaël de Monte Lupo, avec des peintures de Jérôme Sicciolante. On y trouve aussi quelques statues antiques. C'est dans ce château qu'est le trésor de l'état : on y conserve les trois millions d'écus romains que Sixte-Quint y déposa, et auxquels les papes se sont fait une loi de ne toucher que dans le cas de famine, pour le soulagement du peuple, comme en 1764, et à la charge de rétablir bientôt les sommes qu'on en tire.

Les *triregni*, c'est-à-dire les tiares et les bijoux du souverain pontife, y sont aussi déposés, ainsi que les archives secrètes où sont les pièces les plus importantes du trésor, des chartres, comme les originaux de plusieurs bulles, les actes des divers conciles, entre autres ceux du concile de Trente.

Les prisonniers d'état sont détenus dans le château Saint-Ange; mais, quand le pape est sur le point de mourir, tous les prisonniers de la ville sont transférés dans ce château, afin qu'ils soient gardés plus sûrement en cas d'émeute; car dans le temps du conclave, où le gouvernement de Rome est presque suspendu, les révolutions sont plus à craindre. C'est au-dessus de cette grande tour qu'on tire un feu d'artifice pour la fête de saint Pierre, et un autre pour l'anniversaire du couronnement du pape. On ne saurait imaginer une situation plus heureuse pour un spectacle de cette espèce : on le voit de tous côtés. La girandole, formée par 4,500 fusées qui partent à la fois et se répandent circulairement en forme de parasol, est la plus belle chose que l'on puisse voir en ce genre. C'est dans cette même soirée que la magnifique coupole de Saint-Pierre s'illumine entièrement tout à coup, par un procédé ingénieux et singulier, que l'on n'a point imité ailleurs.

Une galerie couverte, soutenue par des arcades, et faite vers l'an 1500, réunit le château Saint-Ange avec le palais du Vatican, qui en est à près de 500 toises de distance. Urbain VIII le fit couvrir, restaurer, et séparer des maisons.

La plupart des portes de Rome sont des *monumens religieux*, entre autres la *porte du peuple*, sur laquelle sont placées les statues de saint Pierre et de saint Paul, et la *porte angelica*, décorée par des statues d'anges.

A Venise, le beau pont de *Rialto*. Il est de marbre, et formé d'une seule arche qui a 89 pieds d'ouverture. Sa largeur est de 70 pieds. Sur le milieu du pont est un grand arc, orné de quatre statues, de Campagna : la Vierge, l'ange Gabriel, saint Marc et saint Théodore, protecteurs de Venise. On y voit aussi les armes du doge Cicogna, sous lequel le pont fut bâti entre 1588 et 1591.

A Sienne, une très-belle fontaine en marbre, appelée *fonte di Gaja.* On y voit les vertus théologales, la création d'Adam et Eve, leur expulsion du paradis terrestre, en bas-relief.

A Brescia, en Italie, une belle colonne surmontée du lion de saint Marc.

En France, à Paris, la *Samaritaine* était un monument religieux, et très-ingénieusement composé. Le château de la Samaritaine fut bâti en 1712, sur les dessins de Robert de Cotte. Ce bâtiment est composé de trois étages; il renferme une pompe qui élève l'eau de la rivière, pour la distribuer ensuite, par des canaux, au Louvre, aux Tuileries, au Palais-Royal, etc. Cette machine fournit 60 pouces d'eau par minute. On posa sur la façade deux figures plus grandes que nature : l'une faite par Bertrand, représentait Notre-Seigneur, et l'autre la Samaritaine, par Frémin. Entre ces deux statues, on plaça une grande coquille pour recevoir l'eau de la pompe, d'où elle retombait en nappe dans le bassin de dessous, représentant le *puits de Jacob.*

La ville d'Orléans possédait, avant la révolution, un monument que la seule reconnaissance aurait dû rendre respectable. C'était, sur un socle assez élevé, un groupe de figures de bronze, représentant Notre-Seigneur mort sur les genoux de la Vierge, et d'un côté Jeanne d'Arc, à genoux, les mains jointes, et de l'autre, Charles VII, dans la même attitude, le tout entouré d'une grille de fer. Le gouvernement actuel a fait faire la statue de Jeanne d'Arc, qui vient d'être placée sur la plus belle place de la ville d'Orléans. Cette statue a de la noblesse, mais son attitude est trop belliqueuse, et son air trop martial. Jeanne d'Arc avait horreur du sang : elle n'en a jamais répandu ; elle n'était point une fière amazone ; c'était une jeune vierge animée d'un enthousiasme véritablement divin, puisqu'elle conserva toujours, au milieu des camps, des périls et des combats, l'innocence et la pudeur, une douceur angélique, et la plus touchante humanité : elle ne voulut jamais se servir d'une lance ou d'aucune autre arme ; elle ne portait qu'un étendard et une cuirasse. *Je veux*, disait-elle, *tâcher de me garantir des coups, et non en porter.* L'artiste devait représenter une figure céleste, et non une superbe guerrière. Il serait à desirer que l'on refît cette statue ; elle offre un sujet neuf par l'opposition qui doit se trouver entre le costume guerrier et l'expression de la figure.

En Allemagne, à Vienne, la colonne de bronze sur *le hoff* (place publique). Elle a été érigée en 1667, par ordre de l'empereur Léopold ; elle a 42 pieds de haut ; elle est surmontée de la statue de la

Vierge, foulant aux pieds le serpent infernal. D'autres statues et des fontaines décorent ce monument, qui a coûté, dit-on, 23 mille florins, mais qui est de mauvais goût.

La pyramide du *Graben*, consacrée à la Sainte-Trinité. Léopold l'érigea en mémoire de la délivrance de la peste qui désola Vienne en 1679. Cette pyramide, à trois côtés, a 66 pieds de haut : elle est très-surchargée de statues, parmi lesquelles on admire trois anges qui passent pour être d'une grande beauté; elle est de marbre blanc et bâtie par l'architecte Burnancini. Les figures qu'on y a placées sont du baron de Strudel, et les inscriptions ont été composées par l'empereur Léopold. Cette pyramide a coûté 66,600 florins.

Les épousailles de la Vierge forment le sujet d'un autre monument qui se trouve sur la place de *Hohen Marckt*, et qui fut érigé par Charles VI, en 1729. Il est en marbre, et représente une espèce de baldaquin supporté par quatre colonnes. Ce baldaquin est du baron de Fisher, et les figures de Conradini, mais elles sont mauvaises.

Il existe en Angleterre un monument très-curieux par le fait extraordinaire qu'il retrace, et dont l'authenticité est d'autant plus grande, qu'il s'est passé dans un temps fort près de nous, et dans un pays où l'on ne croit pas facilement aux miracles. Devizes est une ville grande et commerçante du Wiltshire, en Angleterre. Dans l'année 1759, une femme ayant acheté quelque chose au marché, et

refusant de donner l'argent lorsqu'on le lui demanda, s'écria : *That God would strike her dead
that moment if she had not paid it* (que Dieu
puisse la frapper de mort dans ce moment, si elle
n'avait pas payé). Ce qu'elle n'eut pas plutôt pro-
noncé, et ce qui fut entendu d'une multitude de
personnes, qu'elle tomba morte sur le lieu, et
l'argent fut trouvé dans sa main fermée. On fut
chercher les magistrats, qui sur-le-champ enten-
dirent les dépositions, virent le cadavre et l'argent qu'on avait laissé dans sa main. Ces magistrats firent élever sur ce lieu une colonne avec une
inscription anglaise, qui rapporte tout ce qu'on
vient de conter. (1)

CHAPITRE XVII.

DES TABLEAUX DE COLLECTIONS.

Italie, à Rome, palais du Vatican ou palais
pontifical, qui tient à l'église de Saint-Pierre, et
dans lequel sa sainteté passe la plus grande partie
de l'année. Ce palais, qui a été successivement
agrandi, manque d'ensemble, mais il est immense.
Il a 180 toises de long, sur 120 de large. On pré-

---

(1) L'auteur de cet ouvrage, en passant à Devizes, s'est
arrêtée pour lire cette inscription, qui est en anglais.

tend qu'il contient 11,500 chambres. Le fameux tableau du Jugement Dernier, de Michel-Ange, est dans la chapelle Sixtine de ce palais ; il est peint à fresque, et il occupe tout le fond de la chapelle. La salle ducale où le pape fait, le jeudi saint, la cérémonie du lavement des pieds, est une salle composée de deux pièces qui se communiquent par une grande ouverture carrée, au haut de laquelle le Bernin a mis un rideau relevé par des anges ; ce qui produit un effet très-pittoresque. Voici les plus beaux tableaux des galeries, qu'on appelle, à cause de ses peintures, *les salles de Raphaël*. La première et la plus belle de ces peintures, est celle où le Père Éternel débrouille le chaos. Ce tableau est entièrement de la main de Raphaël. Tout le sujet est exprimé par l'action rapide du Père Éternel, qui s'élance en écartant les bras et les jambes, et qui, par ce seul mouvement, débrouille tous les élémens, et les met chacun à leur place. Les fictions mythologiques ont-elles jamais inspiré des idées d'une telle grandeur? Cet admirable tableau est composé avec un feu et un enthousiasme dignes du sujet sublime choisi par l'artiste. Ces galeries contiennent encore beaucoup de beaux tableaux d'autres peintres, parmi lesquels on distingue sur-tout ceux de Jules Romain, qui représentent des traits de la vie de Joseph. Outre ces galeries, on voit encore au Vatican *les chambres de Raphaël*. C'est une grande enfilade d'appartemens qui donne sous les portiques, et dont les quatre principales pièces sont célèbres par les chefs-d'œuvres de Raphaël, qui presque tous ont passé au Musée de Paris. En voici les principaux tableaux. Le plus grand et le plus beau des tableaux de bataille, représentant la bataille de Constantin contre le tyran Maxence, donnée sur le *Ponte Molle*, le 28 octobre 312. Ce tableau fut dessiné par Raphaël, et peint par Jules Romain; il est admirable par la perfection du dessin, le nombre prodigieux des figures, la vérité, la force et la variété des attitudes, la grandeur de l'invention, le feu de la composition, l'intérêt des épisodes et l'effet de l'ensemble. La figure principale, celle de Constantin, y est majestueuse et frappante. La déroute de l'armée ennemie est parfaitement exprimée. On admire un vieux soldat relevant son fils qui vient d'être tué; il est d'une expression étonnante. Rien ne manquerait à ce tableau, si le coloris en était aussi beau que le dessin.

Le tableau d'Héliodore, chassé du temple par des anges, est aussi l'un des plus célèbres de Raphaël.

Le tableau de la messe, ou le miracle arrivé à Bolsène, représente un prêtre qui, doutant de la présence réelle, et au moment de consacrer l'hostie, la voit répandre du sang sur le corporal (1). Le pape Jules II est représenté, dans ce tableau,

---

(1) Linge béni sur lequel on pose le calice.

entendant la messe ; et pour exprimer la foi que doit avoir le chef suprême de l'église, l'artiste, en peignant l'étonnement sur tous les visages des autres assistans, n'en a mis aucun sur celui du pape. Les caractères de têtes du prêtre qui dit la messe, du pape et des cardinaux, sont de toute beauté. Ce tableau est un chef-d'œuvre.

Saint Léon, empêchant Attila d'entrer dans Rome; saint Pierre, tiré de sa prison par un ange; et la dispute sur le Saint-Sacrement ; l'incendie de Borgo ; Saint-Spirito, près du Vatican, arrivé l'an 817, sous Léon IV, sont encore quatre tableaux admirables de Raphaël. (1)

La bibliothèque du Vatican est l'une des plus belles de l'Europe : elle prouve combien les papes, dans tous les temps, ont aimé et protégé les lettres, car elle fut commencée dans le cinquième siècle, par le pape saint Hilaire ; saint Zacharie y ajouta beaucoup de manuscrits grecs et latins, vers l'an 750. Sixte IV y ajouta une grande quantité de livres et de manuscrits originaux. Sixte-Quint, vers l'an 1586, établit la bibliothèque au lieu où elle est actuellement ; il l'enrichit beaucoup, et il assigna des revenus pour l'augmenter et pour l'entretenir. Tous les papes suivans l'augmentèrent successivement. Clément XI fit venir beaucoup de manuscrits arabes, arméniens, syriaques. Clément XII étendit prodigieusement les bâtimens;

____

(1) Celui de saint Léon et d'Attila est le moins beau de tous.

Benoît XIV y forma un cabinet d'antiques. Sept interprètes des langues orientales, sont attachés à cette bibliothèque : enfin les papes ont accordé aux lettres un honneur que nul autre souverain ne leur a rendu, en nommant toujours pour bibliothécaires des princes de l'église. Ce sont des cardinaux qui sont bibliothécaires de la bibliothèque du Vatican. On a placé, dans une pièce de ce vaste bâtiment, les portraits de ces cardinaux bibliothécaires qui furent presque tous célèbres par leur science et leurs talens littéraires, tels que les cardinaux Casanatta, Noris, Quirini, Passionei, Albany, etc. La grande salle qui fait le principal vaisseau de la bibliothèque, a 196 pieds de longueur, sur 40 de large : elle est partagée par sept pilastres qui soutiennent la voûte. Tous les livres sont renfermés et cachés dans des armoires dont les portes sont décorées de différentes peintures d'Antoine Viviani, Paul Boglioni, etc. La voûte de cette salle est ornée d'arabesques et de grands tableaux. Dans cette salle se trouve l'ancienne et fameuse statue de saint Hippolyte, éveque de Porto. Plusieurs autres statues l'ornent encore. Les sujets de tableaux que l'on trouve dans cette salle sont : les huit premiers conciles œcuméniques, qu'on a représentés à droite. On a peint sur la gauche les plus fameuses bibliothèques qu'il y ait eu autrefois ; ce qui commence à Moïse, donnant aux lévites le livre de la loi, pour le placer dans l'arche d'alliance.

Ensuite la bibliothèque d'Esdras, qui rassembla les livres du Pentateuque, etc. sur les pilastres qui soutiennent la voûte. On a peint les personnages qui ont perfectionné les langues et les caractères. D'abord Adam, instruit par Dieu même, et donnant les caractères hébreux; les deux fils de Seth, qui gravèrent les sciences sur deux colonnes; Abraham, inspiré par la Divinité, et l'inventeur du syriaque et du chaldéen; Esdras, qui augmenta l'alphabet des Hébreux; Isis, reine d'Égypte; Mercure, Hercule et Memnon, qui composèrent la langue égyptienne, sacrée et civile, et le phrygien; Cécrops, Cadmus et Linus le Thébain, premiers auteurs de la langue grecque; Palamède et Phénice, qui inventèrent le phénicien; Pythagore, Épicarme et Simonide, qui étendirent et perfectionnèrent l'alphabet et la langue des Grecs; Nicostrata Carmenta, mère d'Évandre, à qui on attribue le latin; Évandre et l'empereur Claude, qui en augmentèrent l'alphabet; Demarate, inventeur de l'étrusque; l'évêque Ulfile, auteur du gothique; saint Jean Chrisostôme, de l'arménien; saint Jérôme, de l'illyrien, et saint Cyrille, ayant perfectionné l'un et l'autre. Cette suite est terminée par Jésus-Christ, père des lumières, véritable auteur de toutes les connaissances humaines (1). Dans la salle qui forme un prolongement de la

______

(1) Cette nomenclature se trouve dans le voyage d'Italie de M. de Lalande.

première, on a représenté les onze autres conciles œcuméniques. Il y a dans cette salle une grande et belle colonne d'albâtre oriental blanc et transparent ; elle est solide et cannelée ; elle a neuf pieds et un quart de hauteur, et fut trouvée en 1702. A l'extrémité de cette salle, il y a une longue galerie qui s'étend à droite et à gauche : on assure que les deux parties font en total une longueur d'environ 150 toises ; elles sont remplies d'armoires qui renferment des livres. Les armoires en sont peintes et dorées : on y voit une superbe collection de vases étrusques. Le dernier pape y a ajouté une salle pour placer une magnifique collection d'estampes, formée à grands frais par le pape Clément XIV. La galerie est terminée, au nord, par un superbe cabinet d'antique, formé en 1757 par Benoît XIV. On y conserve aussi une belle collection de médailles. Le muséum *Christianum* qui termine cette galerie, est une collection antique, dont la plus grande partie a rapport au christianisme : elle est principalement composée d'instrumens, de martyres, d'ornemens, de vases servant au vrai culte, etc. ; enfin le cabinet des manuscrits que Clément XIV fit décorer par le célèbre Mengs, est ce qu'on peut voir en ce genre de plus magnifique, de plus élégant et de plus agréable. Le plafond de ce cabinet, peint par Mengs, est un chef-d'œuvre.

La bibliothèque du Vatican n'a qu'environ 80 mille volumes, dont 40 mille sont des manuscrits; mais il faut songer qu'elle ne contient pas un seul mauvais livre, et que les ouvrages impies, licencieux, et purement frivoles, sont bannis de cet auguste sanctuaire, de la saine littérature et de la véritable science. Cette bibliothèque est unique par l'élégance et la somptuosité de ses salles, la beauté de ses peintures et de ses diverses collections, et par le choix et la rareté de ses manuscrits. On y voit beaucoup de bibles hébraïques, syriaques, arabes, arméniennes; une bible grecque du sixième siècle, en lettres capitales; une bible en hébreu, d'une grosseur extraordinaire, dont les juifs de Venise ont voulu donner le poids de l'or; un manuscrit grec qui contient les actes des apôtres en lettres d'or, donné à Innocent VIII par Charlotte, reine de Chypre; un missel, écrit du temps de saint Gélase, vers l'an 1118; un autre missel, rempli de miniatures, de Jules Clovio; un grand bréviaire, avec de belles miniatures, qui vient de Mathias Corvinus, roi de Hongrie; les annales de Baronius, écrites de sa main, en douze volumes; plusieurs volumes sur l'Histoire Ecclésiastique, du savant Onofrio Panvinio, augustin; un martyrologe singulier par son ancienneté et ses miniatures; un manuscrit de saint Thomas et de saint Charles Borromée; un manuscrit de Pline, avec des miniatures, où tous les animaux sont figurés; un Virgile du cinquième siècle, écrit en lettres capitales, dont les miniatures représentent les Troyens et les Latins avec les habits de leur temps; un Térence de la même ancienneté; un autre Térence du neuvième siècle, où sont représentés les masques des anciens acteurs; le Tasse, manuscrit d'une beauté singulière; le Dante, avec de belles miniatures; le traité des sept sacremens, composé par Henri VIII, roi d'Angleterre, avant le schisme; il l'envoya à Léon X., avec deux vers latins écrits de sa main; les lettres originales de ce prince à Anne de Boulen (1); plusieurs papiers écrits de la main de Luther; les vies de Frédéric de Montefeltro et de François-Marie de la Rovère, ducs d'Urbin, ornées de miniatures, etc. On y conserve aussi beaucoup de livres écrits sur l'écorce du papyrus d'Égypte.

Les archives du Vatican qui touchent à la bibliothèque, sont composées d'un grand nombre de chambres qui renferment les registres et les papiers qui intéressent le saint siége. Il y a trois salles où l'on a peint les donations faites à l'église, dont les titres se sont perdus. Le cardinal bibliothécaire a, dans cette enceinte, un superbe appartement; c'est le dernier pape qui l'a donné et fait arranger : avant cette époque, les cardinaux bi-

---

(1) L'auteur de cet ouvrage a lu plusieurs de ces lettres; on lui permit même d'en copier quelques passages : elles sont écrites en vieux langage français, très-facile à entendre. Ces lettres d'un prince si féroce sont remplies d'esprit, de comparaisons ingénieuses, et semblent montrer beaucoup de douceur et de sensibilité.

bliothécaires n'en avaient pas, quoiqu'ils aient toujours rempli avec la plus grande assiduité les fonctions de cette place.

Monte Cavallo, autre palais pontifical. La place de ce palais est dans une très-belle situation, mais sa forme est irrégulière : c'est sur cette place que l'on posa les deux groupes de marbre si fameux et antiques, de proportion colossale ; ce sont deux chevaux tenus chacun par un jeune homme qui semble les dompter. Ces deux groupes ont fait donner à ce palais le nom vulgaire de *Monte Cavallo*. Constantin les avait fait venir d'Alexandrie, et Sixte-Quint les fit tirer des ruines des Thermes de Constantin, par les soins de Fontana ; il les fit restaurer et mettre en place, avec de grands piédestaux. Le palais Monte Cavallo est appelé aussi *Palais Quirinal*, à cause de sa situation sur le sommet du mont Quirinal. Le pape l'habite pendant l'été. Paul III, vers 1540, commença ce bâtiment. Grégoire XIII et les papes ses successeurs l'augmentèrent et l'embellirent. La principale porte de ce palais est ornée de deux grandes colonnes ioniques de marbre, qui soutiennent une tribune destinée aux bénédictions publiques du saint père : elle est de l'architecture du Bernin ; on y a placé les statues de saint Pierre et de saint Paul, d'Étienne Maderno et de Guillaume Bertelot, et plus haut celle de la Vierge, par Pompée Ferrucci. Ce palais est rempli de superbes peintures. Les plus célèbres sont, la sainte

Pétronille, du Guerchin, l'un des plus fameux tableaux du monde (1). Il représente sainte Pétronille qu'on déterre, et dans l'instant où on la tire de sa fosse ; on la voit encore dans la gloire, à genoux devant Jésus-Christ. Tous les grands peintres et tous les connaisseurs s'accordent sur le mérite supérieur de ce tableau.

La naissance de la Vierge, par Pierre de Cortone ; beau tableau, plein d'agrément, comme tous ceux de ce grand maître.

Le martyre de saint Érasme, et le martyre des saints Processus et Martianus. Le premier du Poussin ; le second du Valentin ; très-beaux tableaux, tous les deux exécutés en mosaïque, à Saint-Pierre, ainsi que la sainte Pétronille.

Le martyre de saint Sébastien, du Titien.

David et Saül, du Guerchin. David tient sa harpe, dont il ne joue point. Saül paraît prêt à lui lancer un trait. L'attitude de David est noble et fière, mais ses draperies brunâtres nuisent à l'harmonie du tableau.

Une sainte famille charmante, du Mancini. Saint Joseph y présente des fraises à l'Enfant Jésus.

La Samaritaine, du Trevisani. La tête de la Samaritaine est ravissante.

Le *Capitole*. Il est rebâti par Michel-Ange ;

---

(1) Aujourd'hui au Musée de Paris.

c'est un superbe édifice : il renfermait, avant la révolution de France, une admirable collection de statues antiques et de tableaux. C'est au pape Corsini, Clément XII, et à ses successeurs, que l'on doit ce bel établissement. Ses principaux tableaux étaient, l'enlèvement des Sabines, par Pierre de Cortone.

Une Madelaine, du Guide, méditant sur la croix.

Une sainte, du Dominiquin : elle regarde le ciel ; elle a une main sur sa poitrine ; la tête est remplie de cette expression céleste, à la fois vive, chaste et sublime, qu'on ne peut trouver que dans les sujets religieux.

Une belle Judith, du Guide, prise dans l'instant où elle rend grace à Dieu, après avoir triomphé d'Holopherne.

Une vierge, d'Annibal Carache : elle tient l'Enfant Jésus, adoré par saint François.

La Samaritaine, d'Annibal Carache.

L'académie de saint Luc. Son tableau le plus fameux est celui qui représente saint Luc faisant le portrait de la Vierge. Il est de Raphaël. C'est ce qu'on appelle le *quatrième tableau de Rome,* dont la Transfiguration, de Raphaël aussi, était le *premier.*

Le *Palais Colonne.* On y voit une belle sainte Marguerite et un beau David, du Guide.

Un saint François, du Guide, de la plus belle expression.

Un Hérodias, du même.

Palais Doria, ou *Pamphili*. Superbes tableaux, entre autres, une Madelaine, du Feti.

Une sainte famille, du Parmesan.

Un beau paysage, d'Herman d'Italie, disciple de Claude Lorrain, ayant sur le devant une fuite en Égypte.

Une vierge regardant l'Enfant Jésus dormir, du Guide. Ce tableau est ravissant, quoique le ton général en soit un peu grisâtre ; défaut qui se trouve souvent dans les ouvrages de ce grand maître.

Villa Borghèse. On y voit l'une des plus belles statues, du Bernin, représentant David lançant avec sa fronde une pierre à Goliath. On prétend que le Bernin a représenté sa propre figure sous les traits de David. Dans le mouvement de cette attaque, David, paraissant faire un effort, se mord les lèvres ; ce qui donne à la figure un extrême naturel, mais ce naturel nuit à la noblesse, et par-là devient un défaut.

Il y avait dans le palais Chigi une statue fameuse de saint Jean-Baptiste : elle a été vendue, et se voit aujourd'hui à Dresde.

Palais Borghèse. Il a la forme d'un clavecin ; aussi l'appelle-t-on *Cembalo Borghèse*. Superbe collection de tableaux : une belle sainte Cécile, du Dominiquin ; une charité chrétienne, du Guerchin ; une tentation de saint Antoine, d'Annibal Carache ; une sainte Catherine, du Parmesan, etc.

Palais Sachetti. On y voit plusieurs histoires de l'Ancien Testament, supérieurement peintes à fresque, par Pierre de Cortone.

Palais Barberini, qui contient de beaux tableaux, entre autres, une célèbre Madelaine, du Guide, et un superbe plafond peint par Pierre de Cortone, et l'un de ses plus beaux ouvrages. Le sujet est allégorique, et représente la piété et les vertus d'Urbain VIII.

Palais Corsini, où mourut Christine, reine de Suède. On distingue sur-tout, parmi les belles peintures dont il est orné, une sainte famille, de F. Bartholomeo ; une vierge, de Murillo, et le songe de la Madelaine, de l'Albane, trois tableaux ravissans.

On admire dans le *Palais Falconieri*, une sainte famille, du Poussin, chef-d'œuvre de graces et d'expression.

Le *Palais Giustiniani*. On y trouve l'un des plus beaux tableaux du Poussin, qui soit à Rome. Il représente le massacre des innocens. Ce grand artiste qui, plus qu'aucun autre, a senti que la multitude des figures, dans la plupart des sujets, nuit à l'intérêt, n'en a mis que cinq dans son beau tableau du déluge universel (1); il pensa que le moment le plus terrible de cette grande catastrophe était celui où presque tout le genre hu-

____

(1) Qui était jadis au Luxembourg, à Paris.

main était déjà englouti sous les eaux; et quel intérêt puissant n'inspire pas ce faible reste de la race humaine, ces cinq personnes que l'on voit lutter encore contre la mort, tandis que l'esprit infernal, sous la figure du serpent, élève sur les flots sa tête audacieuse, et paraît triompher de l'inutilité des vains efforts de ces infortunés?.... Voilà d'admirables conceptions! Cet artiste inimitable a eu la même idée dans son beau tableau du massacre des innocens, qui consiste dans un seul groupe de quatre figures, mais d'une expression terrible et sublime. Ce tableau offre les contrastes les plus frappans, ceux que présentent la force, la rage et la férocité, employées contre la faiblesse, la candeur et l'innocence; et nul épisode ne distrait de cette image : on voit immoler le dernier des enfans proscrits; la malheureuse mère qui le perd rassemble sur elle seule toute la pitié qu'inspire cet horrible massacre; il n'existe point de tableau plus pathétique; l'idée affreuse des scènes qui ont précédé cette dernière action, en rend l'effet véritablement déchirant et terrible.

Palais Rospigliori (1). Beaux tableaux, entre autres, une sainte Cécile, du Dominiquin : elle chante en lisant dans un livre tenu par un ange assis, qui se groupe avec deux autres anges qui tiennent des instrumens de musique.

---

(1) C'est dans ce palais que se trouve l'admirable tableau de *la vie humaine*, du Poussin.

Un saint Laurent, vendant les vases sacrés pour faire l'aumône aux pauvres, par Luc Jordan.

Une très-belle esquisse de Pierre Cortone, dont le grand tableau est dans l'église de la *Sapience*, et représentant saint Yves, avocat, recevant des mémoires des pauvres, ce saint ayant entièrement dévoué son talent, ses lumières et son temps à la défense des opprimés et des pauvres.

Le *Palais Albani*, rempli de tableaux précieux. Une sainte Catherine, de Pierre de Cortone; une Judith, du Caravage; une vierge, de Carle Maratte; un saint Janvier, de Solimène; un Jacob endormi, auquel apparaît l'échelle miraculeuse, par le Feti, etc.

· *Naples.* On voit dans le palais du roi plusieurs beaux tableaux. Une sainte famille, de Lanfranc; le Lazare ressuscité, de Jacques Bassan; le mariage de sainte Catherine avec l'Enfant Jésus, du Corrége, etc.

Le château royal de *Capo di Monte*, près de Naples. Il renferme la superbe collection de tableaux qui ornait jadis la galerie des ducs de Parme de la maison Farnèse. Voici les plus beaux tableaux de ce palais. Une sainte famille, de Raphaël, dans laquelle l'Enfant Jésus bénit saint Jean; un Christ mort, appuyé sur les genoux de la Vierge, d'Annibal Carache; sainte Anne montrant une couronne d'épines à la Vierge, du même; plusieurs beaux tableaux religieux, de Schidone.

Les ouvrages de ce peintre sont très-rares (1). Deux tableaux du vieux Palma, dont l'un représente Moïse frappant le rocher, et l'autre les eaux changées en sang ; un repos en Égypte, du Parmesan ; un Christ qui succombe sous le poids de sa croix, et un autre Christ au calvaire, d'Albert Durer.

Une admirable Madelaine, du Guerchin, le coude appuyé sur un livre, et contemplant une couronne d'épines. Rien ne peut surpasser la beauté de cette figure expressive et mélancolique. Un saint Jérôme, les mains jointes, priant devant un crucifix ; tableau parfait dans son genre : il est aussi du Guerchin.

Palais Filomarino, l'un des plus beaux de Naples. On y trouve, entre autres tableaux, les saintes femmes au tombeau, par le Dominiquin ; une Annonciation et une Adoration des mages, du Poussin.

Au château royal de Portici, on voit huit tableaux d'Annibal Carache, représentant des têtes d'apôtres.

A *Venise*, au Palais Ducal, on admire sur-tout les tableaux suivans : un grand tableau du Titien, représentant la Foi dans la gloire ; un tableau de Paul Véronèse, représentant Jésus-Christ, la Foi, la Justice, et Sébastien Veniero, victorieux des Turcs, à genoux devant Notre-Seigneur ; l'Arche

---

(1) Il était élève d'Annibal Carache, et mourut en 1616.

de Noé, du Bassan, tableau fort estimé; saint Marc couronnant les vertus théologales, de Paul Véronèse; Jésus allant au calvaire, de Jacques Bassan; le Jugement universel, du Palma, etc.

Palais Grani. On remarque, parmi ses tableaux, la Piscine miraculeuse, de Paul Véronèse; le Repas du Pharisien, par Rubens; David reportant en triomphe la tête de Goliath, du Guerchin.

Palais Barbarigo. Le Titien y a demeuré. On y montre encore la salle où il peignait. On y voit deux tableaux très-remarquables de ce célèbre artiste. Le premier, dit-on, qu'il peignit, est un saint Jérôme, et le dernier qu'il ait fait, un saint Sébastien. Ce fut son dernier ouvrage; il le fit à quatre-vingt-dix ans. Ce palais contient beaucoup de beaux tableaux.

A Padoue, il salone, ou la salle d'audience (1). On a peint, dans cette vaste salle, les douze signes du zodiaque et d'autres constellations; les pla-

---

(1) C'est la plus grande salle qu'il y ait au monde : elle a trois cents pieds de long, et cent pieds de large, sans autre soutien que les murs dans lesquels sont placés quatre-vingt-dix gros pilastres. La hauteur est de cent pieds en dedans. Cet édifice fut commencé en 1172, par Pierre de Cozzo, le même qui fit le fameux aqueduc et la grande tour près de Ségovie, en Espagne. Le 17 août 1756, un ouragan renversa la voûte : elle fut refaite sous la direction d'un habile artiste, nommé Barthélemi Ferracino. *Voyage d'Italie de M. de Lalande.*

nètes, les mois, les saisons; les apôtres y sont placés chacun vers le signe du zodiaque le plus approchant de sa fête.

Le *Palais du Podestat* renferme des peintures estimées, entre autres, un grand tableau de Palme le Jeune, représentant le Sauveur entre l'Abondance et la Justice, bénissant la ville de Padoue.

Le *séminaire* fut formé par le bienheureux Barbarigo, cardinal et évêque de Padoue, mort en odeur de sainteté en 1697. Il y établit une belle bibliothèque et une imprimerie, qui subsiste encore. On a exécuté des ouvrages très-considérables dans cette imprimerie, même en langue orientale : enfin ce saint et savant prélat fonda, dans ce séminaire, des maîtres en tout genre. On voit, dans l'église, une fameuse descente de croix, du Bassan.

A *Bologne*, au palais public, Samson ayant terrassé un Philistin, et le tenant abattu sous son pied ; superbe tableau du Guide.

Palais Sampieri, où se trouve le chef-d'œuvre du Guide, et peut-être le tableau le plus parfait de l'univers ; il a le mérite de n'offrir que deux figures, celle de saint Pierre pleurant son péché, et celle de saint Paul, qui le console. Ce tableau admirable ne laisse rien à desirer ; il est impossible de le contempler sans étonnement ; il est aussi frappant pour les ignorans que pour les connaisseurs ; l'expression et la noblesse des figures, leurs draperies, leur attitude, la composition, la vérité, le dessin, le coloris, toutes les parties de l'art y sont portées au plus haut degré de perfection, et il a l'avantage rare d'être très-bien conservé.

Dans cette même collection, la Samaritaine, tableau célèbre dAnnibal Carache ; Abraham renvoyant Agar, par le Guerchin, etc.

Palais Zambecari. Ses principaux tableaux sont : Judith coupant la tête à Holopherne ; tableau plein d'expression et d'un effet terrible, par Michel-Ange de Caravage; le sacrifice d'Abraham, du Calabrèse ; une Fuite en Égypte, de Cignani ; la Madelaine, à qui des anges apportent une croix et une couronne, symboles ingénieux de sa pénitence et du prix qu'elle en devait recevoir, de l'Albane ; le Martyre de sainte Ursule et de ses compagnes, de Pasinelli.

Palais Tanary. Une Assomption, du Guerchin, admirable tableau.

Une Vierge allaitant l'Enfant Jésus, du Guide.

Florence, palais vieux. On y conserve, dans une espèce de garde-meuble, des meubles et des bijoux d'un prix immense, entre autres, un devant d'autel d'or massif, enrichi de pierres précieuses, qui a six pieds de long.

La *Loggia*, qui est vis-à-vis du palais vieux, est une espèce de portique. On voit, sous l'une des arcades de ce portique, une Judith en bronze, ouvrage très-estimé, du Donatello, et la statue de David triomphant de Goliath, de Michel-Ange.

La *galerie de Florence*. Voici ses tableaux religieux les plus remarquables : Un saint Pierre, de l'Espagnolet ; la Résurrection du Lazare, de Paul Véronèse ; une petite Madelaine, du Bronzino ; saint Joseph et sainte Susanne, deux tableaux du Bronzin ; Jésus-Christ chez le Pharisien, par le Titien ; la Prière de Jésus-Christ au Jardin des Olives, par le Corrége ; la Nativité et la Circoncision, deux tableaux de Porta ; Noé dans son ivresse, par Empoli ; un saint Pierre et un saint Simon, de Carle Dolce ; une Adoration des mages, de Wanderwef ; le Jugement de Salomon, du même ; une Vierge, de Michel-Ange : elle est à genoux, et donne l'Enfant Jésus à saint Joseph ; une Vierge, de Léonard de Vinci ; la Purification, beau tableau de Barthélemi della Porta ; Isaïe, superbe figure, du même ; le Massacre des innocens, de Daniel Volterre : on y voit plus de soixante-dix figures, formant différens groupes. Ce tableau est célèbre. Un saint Pierre, qui embrasse la croix, demi-figure, qui exprime parfaitement le repentir, l'enthousiasme et l'amour, de Lanfranc ; Jésus-Christ chez le Pharisien, par le Caravage, tableau plus estimé encore que celui du Titien, sur le même sujet, etc.

Palais Pitti. Sainte Anne montrant à lire à la sainte Vierge, de Solimène. Ce tableau est encadré dans une guirlande de fleurs d'argent, ouvrage d'orfévrerie peu agréable, mais bien fait et très-riche. Une Madelaine accroupie, du Poussin ; saint Philippe de Néri, invoquant la Vierge, de

Carle Maratte; la fameuse *Madona della Sedia*, de Raphaël, aujourd'hui au Musée à Paris, etc.

On voit, dans la galerie de Florence, un très-beau morceau de sculpture, du Donato; c'est un saint Jean-Baptiste. On y voit aussi des ouvrages précieux de cristal, représentant des sujets de l'Écriture, d'après Michel-Ange. Ces ouvrages sont de Valerio Vicentino, Misuroni et Giovanni Bernardi.

Palais Corsini. De beaux tableaux, sur-tout un saint Jean prêchant dans le désert, d'Annibal Carache.

Parmi les manuscrits les plus rares de la bibliothèque de Saint-Laurent, on remarque un saint Ambroise, orné de belles miniatures.

Le *Palais Ricardi* renferme aussi beaucoup de tableaux, mais presque tous sont tirés de la fable.

A *Modène*, le Palais Ducal. On y voyait, un Samaritain, de Jacob Bassan, beau tableau; l'Enfant prodigue, de Lionello Spada. La figure de l'enfant prodigue a l'expression la plus touchante et la plus vraie. Joseph et la femme de Putiphar, du Tiriani; la Femme adultère, du Titien, et une Vierge avec l'Enfant Jésus et saint Paul, du même, deux tableaux d'une très-grande beauté; une Femme pansant les plaies de saint Sébastien, superbe tableau du Caravage; saint Pierre en prison, et un ange qui lui apporte une couronne, du Guide; le martyre de saint Pierre et Abraham, deux tableaux du Guerchin. On trouvait encore dans ce palais un camée, très-précieux, en *niccoli*, c'est-à-dire blanc sur du noir, d'environ quatre pouces. Il représente Notre-Seigneur debout, couronné d'épines, les mains liées, et, sur la partie noire, deux archers debout, qui le tiennent par le milieu du corps.

La bibliothèque renfermait une bible en 2 volumes, et un bréviaire en parchemin, du quinzième siècle, avec de très-belles miniatures.

Mantoue. Le Palais Ducal contient encore quelques bons tableaux.

Le *Palais du Thé* est ainsi nommé, parce que la forme de son plan approche d'un *T*. Il est situé dans une île, à une demi-lieue de Mantoue. L'architecture en est de Jules Romain. Ce célèbre artiste fut aussi grand architecte. Le Palais du Thé est remarquable par de belles peintures de Jules Romain, dont les sujets sont tirés de l'histoire de David.

Gènes. Palais Balbi. L'Explication des Songes par Joseph en prison, beau tableau du Capucino; la Conversion de saint Paul, du Caravage; tableau très-célèbre et du plus grand effet. La Vierge, l'Enfant Jésus et des Anges, de Rubens; un petit tableau divin par sa fraîcheur, et la grace et l'expression naïve des figures, représentant l'Enfant Jésus et saint Jean-Baptiste; un charmant paysage forme le fond de ce tableau, qui est de Rubens.

On admire, dans le *Palais Durazzo*, un chef-d'œuvre de Rubens. C'est un grand tableau repré-sentant la Madelaine aux pieds de Notre-Seigneur.

Palais Palavicino, bâti sur les dessins de Michel-Ange, ainsi que plusieurs autres palais de Gènes. Il contient deux fameux tableaux; l'un, du Guide, représente Eve séduisant Adam; l'autre, du Valentin, représente les soldats jouant la robe de Notre-Seigneur.

Palais Brignole. Le tableau le plus remarquable de ce palais, est Judith mettant la tête d'Holopherne dans un sac que tient une négresse, par Paul Véronèse. Ce sujet usé est rajeuni, dans ce tableau, par les conceptions pleines de génie de l'artiste : il a réfléchi que l'Écriture Sainte, loin de représenter Judith comme une femme féroce ou guerrière, a peint en elle une veuve douce, timide, chaste et solitaire, et que l'action terrible qu'elle a exécutée est le fruit d'une inspiration particulière, qui dut prodigieusement répugner à son caractère et à ses mœurs. Ces réflexions fournissaient un sujet véritablement dramatique, puisqu'il offrait une opposition intéressante entre l'action et le caractère de l'héroïne : aussi la Judith de ce tableau, différente de toutes les autres, n'a l'air ni mâle, ni intrépide ; elle est blonde, délicate : on la voit trembler ; elle n'ose regarder la tête sanglante qu'elle met dans le sac ; sa physionomie exprime d'une manière sublime l'horreur, le saisissement et une pitié involontaire. La curiosité féroce de la négresse qui tient le sac, et qui considère la tête d'Holopherne, contraste admirablement avec le visage angélique de Judith. Dans le même palais, la Résurrection du Lazare, beau tableau du Caravage.

Parme. C'était à l'académie des arts de cette ville que l'on allait voir l'un des chefs-d'œuvres du Corrége, la Vierge de saint Jérôme, ainsi appelée, parce que saint Jérôme est à côté d'elle; la Madelaine est à ses pieds. Cet admirable tableau est aujourd'hui au Musée de Paris.

A *Pavie*, dans le Palais Botta, une belle statue du Donatello, représentant saint Jean-Baptiste.

Milan. Le Palais des Décurions. Il y a dans la chapelle de ce palais un beau saint Joseph, du Guide.

Dans le *Muséum de Settala*, beaucoup de beaux tableaux, entre autres, une Vierge, d'Annibal Carache, très-estimée; une Vierge, de Rubens, environnée d'une guirlande de fleurs, peinte par Breughel; une Adoration des mages, par le Schiavona; un Crucifix, de Pierre de Cortone; un saint Jérôme, par André del Sarto; un Ange qui avertit les pasteurs de la naissance de Jésus-Christ, du Bassan; la Vierge avec Jésus-Christ, saint Joseph et plusieurs pasteurs, tableau célèbre du Bassan; une Étable, avec saint Joseph et les pasteurs, de Frédéric Barozzi; un saint Antoine dans le désert, de Breughel; Daniel dans la fosse aux lions; une Vierge couronnée de fleurs, ayant à côté d'elle deux vases remplis de fleurs, du même, ouvrages du fini le plus précieux. On voit, dans la même salle, un bénitier, sur lequel sont quatre tableaux de Breughel ; ouvrages les plus petits qu'il ait faits : ils sont parfaits, même à la loupe. Le premier représente Jésus-Christ portant sa croix ; le second, Jésus-Christ au calvaire ; le troisième, une procession du Saint-Sacrement ; le quatrième, une Vierge appaisant une tempête. Tous ces tableaux de Breughel, rassemblés dans cette collection, sont, suivant M. Cochin, les plus beaux qui existent de ce maître. On remarque, dans la même salle, une figure de David, tenant la tête de Goliath, gravée sur une glace à la pointe de diamant, ensuite enfumée dans les ombres : cette gravure est très-singulière.

Le collége de Bréra. On voit, dans ce collége, un grand et bel escalier, au bas duquel est une statue colossale de la Vierge sur un croissant.

Les principaux tableaux de l'archevêché : un saint Sébastien, du Caravage ; Moïse sauvé des eaux, par le Giorgion. Ce tableau passe pour être un chef-d'œuvre. Une Madelaine, à laquelle parle un ange, du Procaccino ; la Femme adultère, du vieux Palme, l'un des meilleurs de ce maître ; un tableau qui a la singularité d'être fait par trois peintres différens ; sainte Rufine, prête à recevoir le matyre, par le Procaccino ; sainte Seconde, déjà morte, du Cenaro ; un bourreau, qui a été peint par Morazzone. Ce tableau est très-beau. Le Mariage de sainte Catherine, par le Procaccino.

Le *Palais Ducal.* Dans la salle du sénat, Jésus-Christ portant sa croix, par Daniel Crespi ; et dans la chapelle du sénat, le Venue du Saint-Esprit, par Antoine Campi.

Turin. La collection du palais était remarquable, sur-tout par les tableaux suivans : La Vierge tenant l'Enfant Jésus, entourée d'anges répandant des fleurs, de l'Albane ; beaucoup de tableaux de Solimène, sujets tirés de l'Ancien Testament. L'un des meilleurs est celui de la reine de Saba, offrant des présens à Salomon. Un saint Jean, du Guerchin ; une Vierge faisant lire l'Enfant Jésus, de Carle Maratte ; Loth et ses filles, par Gentileschi ; un David, du Guide ; un saint Sébastien, de Cignano ; l'Enfant Prodigue, du Guerchin ; saint André sur la croix, de l'Espagnolet, etc. Dans ce même palais, un bas-relief en marbre, du Donatello, représentant le Jugement de Salomon. Toute cette collection a passé au Musée de Paris.

CHAPITRE XVIII.

SUITE DES COLLECTIONS DE TABLEAUX, etc.

LA FRANCE.

Paris. Le Musée (1). Les principaux chefs-d'œuvres de cette admirable collection sont : La Transfiguration, par Raphaël ; la Communion de saint Jérôme, du Dominiquin, tableau parfait sous tous les rapports. Le saint, mourant et âgé de 99 ans, s'est fait porter dans l'église de Bethléem, pour y recevoir le saint viatique. M. de Lalande, dans son *Voyage d'Italie*, critique cette particularité, et dit qu'il n'est nullement vraisemblable qu'un vieillard mourant se soit fait transporter dans l'église pour y communier, etc. Cependant le Dominiquin n'a fait en ceci que représenter une coutume générale dans ces temps religieux ; coutume qui s'observait encore de nos jours dans

---

(1) Comme on l'a déjà dit dans la Préface, on n'en parlera que fort superficiellement, cet ouvrage étant sur-tout fait pour la France, et tout le monde ayant entre les mains les livres qui contiennent une description entière et détaillée du Musée : d'ailleurs, en décrivant l'Italie, on a parlé de beaucoup de tableaux qui se trouvent maintenant dans cette collection.

beaucoup de cloîtres, à la Trappe, à Sept-Fons, chez les Chartreux. Presque tous les moribonds, ranimés par la foi et par la piété, allaient recevoir le viatique dans l'église : ainsi cette petite critique, la seule qu'on ait jamais faite sur cette admirable tableau, n'est nullement fondée.

Sainte Cécile, de Raphaël. On a déjà parlé de la composition sublime de ce tableau, ainsi que du fameux tableau de sainte Pétronille, du Guerchin.

La Vierge de saint Jérôme, du Corrége. On voyait jadis, au Palais-Royal, une superbe copie de ce tableau, par Annibal Carache. Ces grands peintres anciens ont souvent ainsi honoré leur propre caractère et les talens de leurs rivaux, en copiant et multipliant ainsi leurs chefs-d'œuvres.

Le Déluge, du Poussin.

La Descente de Croix et *l'Élévation de la Croix*, deux fameux tableaux de Rubens, qui étaient à Anvers, etc.

Au *palais du Luxembourg*. La Cène, de Champagne. Dans ce tableau, l'artiste a peint, sous les traits du Christ et des apôtres, les plus célèbres solitaires de Port-Royal, Antoine le Maître, Arnaud d'Andilly, Blaise Pascal, etc.; les pélerins d'Émaüs de Rembrant; l'Adoration des Mages, du Poussin; toute l'histoire de saint Bruno, formant une grande suite de tableaux, par le

Sueur (1). Ces tableaux étaient jadis aux Chartreux ; ils furent transportés à Versailles, et sont maintenant dans le palais du Sénat. (2)

Les salles du palais de Justice contenaient quelques bons tableaux, entre autres, la Femme adultère et la Femme pécheresse, du Bourdon. Dans toutes les chambres du Palais, il y avait un crucifix. Nos pères pensaient que la religion, seule base inébranlable de la justice humaine, doit paraître à tous les yeux dans le temple auguste de la magistrature. On remarquait que, dans la chambre de la Tournelle criminelle où l'on mettait les criminels sur la sellette, le Christ était représenté mort, tandis que, dans les autres chambres, il n'était représenté que mourant.

La fameuse galerie du Palais-Royal était l'une des plus belles collections de l'Europe, et dont une grande partie, venant de la maison Bracciano, en Italie, avait été achetée par le duc d'Orléans, régent. On admirait particulièrement, dans cette galerie, une descente de Croix, figures, demi-

---

(1) Au Val-de-Grace, dans le salon de l'appartement d'Anne d'Autriche, Champagne avait peint aussi, dans une grande quantité de tableaux, toute l'histoire de saint Benoît. Ce couvent possédait, en outre, beaucoup d'autres bons tableaux de cet excellent peintre.

(2) On trouve aussi, dans cette belle collection, l'histoire de Marie de Médicis, par Rubens, et beaucoup de tableaux de Vernet.

nature, d'Annibal Carache; tableau célèbre, re-gardé comme l'un des chefs-d'œuvres de ce grand maître. L'expression des figures en est admirable; cependant les têtes de la Vierge et de la Madelaine ne sont pas assez belles, et le corps du Christ est d'un ton beaucoup trop verdâtre. Le défaut ordinaire de presque tous les peintres, est de ne mettre aucune différence entre la mort récente et la mort assez ancienne pour présenter l'affreuse image de la décomposition des chairs; et même, en général, ils donnent cette apparence cadavéreuse aux personnes qu'ils représentent évanouies. Cette espèce d'exagération si désagréable, loin d'ajouter à l'effet des tableaux, le détruit souvent, parce qu'elle est sans vraisemblance, et que, par conséquent, elle nuit à l'illusion. D'ailleurs, il semble que la pureté divine du corps de Jésus-Christ doit faire, à son égard, adoucir les traits hideux de la mort, et c'est ce qu'on n'a jamais fait dans les *descentes de Croix*, dans les Christ morts, etc.

Une sainte Famille, de Raphaël, dans laquelle l'Enfant Jésus et saint Jean-Baptiste s'embrassent; tableau ravissant, que Raphaël a fait plus d'une fois. On le voyait encore à Florence; mais celui du Palais-Royal était le plus agréable et le plus parfait. Saint Jean dans le désert, du même; les sept Sacremens, du Poussin; Moïse frappant le rocher, du même; le martyre de sainte Apolline, et l'Enfant Jésus dormant sur sa croix, deux petits tableaux du Guide; la Fuite de Jacob, grand tableau charmant, de Pierre de Cortone ; Jésus-Christ au milieu des docteurs , de l'Espagnolet ; l'embrasement de Sodòme, de Vélasquez ; la Résurrection du Lazare, de Sébastien del Piombo, le plus beau tableau connu sur ce sujet. Il était jadis dans la cathédrale de Narbonne. M. le régent l'acheta, et il en fit faire une belle copie, qu'il envoya à Narbonne. La Femme adultère, de Rubens. Ce beau tableau venait d'Anvers, et fut acquis en 1788. Cette superbe collection a passé dans les pays étrangers, en Angleterre et en Russie.

On voyait, à l'hôtel de Toulouse, la Sibylle de Cume, montrant à Auguste la Vierge tenant l'Enfant Jésus, de Pierre de Cortone ; Salomon , sacrifiant aux idoles, du Bourdon.

Feu M. le prince de Conti avait une belle collection de tableaux. L'un des meilleurs était les fils de Laban, de Pierre de Cortone.

Le cabinet de M. de Presle contenait les tableaux les plus précieux, entre autres, deux Murillo parfaits ; deux petits saint Jean-Baptiste ; l'un en contemplation , les yeux élevés au ciel ; l'autre, jouant.

Dans le beau cabinet de M. le comte de Baudouin, on admirait deux superbes grands tableaux de Rembrant, les frères de Joseph apportant sa robe à Jacob, et, pour pendant, le reniement de saint Pierre.

Dans les cabinets de MM. de Random et de Gagni, on voyait une Adoration des Mages, de Rubens ; le même sujet, traité par Gérard Lairesse ;

le fameux tableau d'Adam et d'Eve, par Santerre. Toutes ces collections ont passé en Russie, du moins en grande partie.

Voici les tableaux principaux mis en vente et exposés au salon de peinture depuis 1785 jusqu'en 1790 : Le ravissant tableau du jeune Drouais, représentant Jésus-Christ et la Cananéenne ; un très-beau tableau de Cuip ; le Baptême de l'Eunuque de la reine Candace; la scène est dans un paysage. Le peintre a choisi le moment du jour où le soleil est le plus ardent ; et, ce qu'il y a de singulier, c'est que le tableau est également éclairé dans toutes ses parties : il n'y a point d'opposition d'ombre, et il est éclatant (1). Le Frappement du rocher, par Castelli.

A la vente de tableaux de M. de Calonne, un tableau d'histoire de Carle des Jardins (chose rare, cet artiste ayant ordinairement peint dans un autre genre). Il représente Agar dans le désert; l'enfant qui boit est très-beau; sa main est singulièrement détachée de son corps. Ce tableau, peu agréable, est cependant peint avec une étonnante supériorité; mais la beauté du pinceau, et même la vérité, ne suffisent pas dans les ouvrages de l'art ; il faut encore la grace et l'expression.

A la vente du cabinet du chevalier Lambert, la Peste de Milan, beau tableau du Van-Ost.

Une Annonciation, charmant petit tableau de

____

(1) Ce beau tableau fut acheté par M. de Courmont.

Fragonard. L'effet en est idéal ; il y a une vapeur qui donne un mystérieux singulier au sujet , et qui par cela même y convient , et rend ce tableau céleste.

Au salon de 1786 , le tableau célèbre de M. Vincent, représentant le Paralytique à la Piscine.

A une vente de l'hôtel de Bullion, en 1789, un tableau de Solimène, représentant la Naissance de la sainte Vierge et le reniement de saint Pierre, par Seghers.

Au salon de cette année , Jacob et Laban, de Gouffier ; la mort de la Vierge, de Perrin, et une Descente de Croix, de Renaud. Ces trois beaux tableaux furent les trois derniers grands tableaux religieux qu'on ait exposés au salon du Louvre depuis 1789 jusqu'à cette année 1804, où l'on voit reparaître un grand ouvrage de ce genre , d'une grande beauté ; la Résurrection de la Vierge, par M. Perrin.

On conserve, parmi les bijoux de la couronne, une petite statue très-précieuse : c'est Notre-Seigneur flagellé, attaché à une colonne de cristal de roche ; la figure est de jaspe sanguin , d'un modèle parfait, et l'artiste a tiré un parti ingénieux des taches rouges, pour imiter les gouttes de sang. On voit aussi, parmi ces bijoux , la chapelle du cardinal de Richelieu, ses burettes, le goupillon, etc., entièrement recouverts de pierreries.

CHAPITRE XIX.

SUITE DES COLLECTIONS DE TABLEAUX, etc.

L'ESPAGNE.

C'EST à Madrid, dans le palais du roi, que se trouve le plus célèbre et l'un des plus beaux tableaux de l'Europe. Il est de Raphaël, et il est connu sous le nom de *lo Spasimo di Cicilia;* ainsi nommé, parce que Raphaël le peignit à Rome, pour être placé en Sicile, dans l'église de Notre-Dame *lo Spasimo*. C'est un *Portement de croix*. Jésus-Christ, portant sa croix au Calvaire, est suivi des saintes femmes fondant en larmes. On apperçoit, dans le lointain, le Calvaire, vers lequel on monte par un chemin sinueux. Le peintre a représenté le Sauveur au moment où, pour la première fois, il tombe au détour du chemin : un officier de justice le tire avec la corde dont il le tient lié. La Vierge à genoux, en attitude suppliante, n'osant regarder son fils qu'elle ne peut secourir, implore pour lui la pitié de ses bourreaux. Cette humble action est relevée par la noblesse de sa figure et par les soins dont elle est l'objet ; saint Jean et les autres Maries l'entourent et la soutiennent. Tous ces personnages ont une expression admirable de douleur avec les nuances qui doivent les distinguer. Jésus-Christ est tombé

à terre ; mais, loin de montrer le moindre abatte-
ment, sa figure est pleine de majesté, et son visage est d'une beauté surnaturelle : l'attitude de
toute sa personne est belle, noble et animée ; le
bras et la main gauches, tout à fait étendus, portent sur une pierre ; les plis de sa large manche
font appercevoir un demi-chemin d'action, car ils
semblent se tenir encore en l'air, et n'avoir pas
fini leur chûte, suivant la tendance que doit leur
donner le poids spécifique de l'étoffe; manière ingénieuse d'indiquer que la chûte a lieu dans le moment même. De la main droite, le Sauveur tâche
d'empoigner la croix sous laquelle il succombe ; il
semble vouloir empêcher qu'on ne la lui ôte, en
cherchant à la soulever lui-même; idée sublime,
digne du génie de Raphaël, qui, par ce mouvement si simple, donne au Sauveur du monde
toute la dignité qui lui convient, et nous rappelle
l'idée qu'il ne souffrait que parce qu'il voulait bien
souffrir. La variété de caractère qu'il a su donner
aux officiers de justice n'est pas moins admirable.
La figure qui tire le Christ par la corde, n'exprime
que la brutale impatience d'arriver avec la victime
au lieu du supplice. Un autre personnage paraît
ému d'une sorte de compassion, qui le porte à soulager le Sauveur. Près de lui est un soldat qui
montre le comble de l'iniquité, en poussant la
croix sur l'épaule du Christ, avec l'intention d'a-
chever de l'accabler. Le peintre moderne qui a le
mieux approfondi son art, et qui a montré le plus

de goût, le célèbre Mengs, dont on a emprunté les principaux traits de cette description, regardait ce tableau inimitable comme la plus sublime et la plus parfaite production de l'art. Le jugement d'un tel peintre est un oracle, et l'on doit y croire, lorsqu'on a vu de ses tableaux et lu ses excellens écrits sur la peinture. On voyait à Rome plusieurs tableaux de cet artiste, qui n'étaient point effacés par ceux des anciens grands maîtres (1); mais ses chefs-d'œuvres sont en Espagne, entre autres, à Madrid, dans le palais du roi, une Descente de Croix, d'une beauté supérieure. C'est à Séville, patrie du célèbre Murillo, que se trouvent les plus beaux tableaux de ce grand maître, dont la touche a une suavité inimitable. On admire sur-tout, dans l'église des Capucins, un Christ qui se détache de sa croix avec l'expression de la plus touchante douceur, pour embrasser saint François.

Les autres tableaux remarquables de ce palais sont : Une Nativité de Notre-Seigneur, superbe tableau de Murillo; les épousailles de la Vierge, petit tableau parfait; saint Jacques, saint Jérôme et saint Benoît, de Ribeira.

L'Adoration des Rois, chef-d'œuvre de Rubens.

---

(1) Le plafond ravissant du cabinet des manuscrits, au Vatican, est de Mengs. Cet artiste est le seul qui ait écrit sur son art avec génie et un goût exquis : d'ailleurs, on sait que c'est lui qui a dicté à Vinkelmann tous les jugemens et tous les préceptes auxquels le livre *de l'art* doit sa réputation.

La prière du Christ dans le Jardin des Olives, admirable tableau du Corrége. Les plus beaux tableaux du célèbre Mengs se trouvent dans cette collection. On y admire sur-tout de lui, une Annonciation, dont la Vierge a une expression ravissante de douceur et de modestie, et une Adoration des Bergers, que l'on regarde comme un de ses chefs-d'œuvres, ainsi qu'une Descente de Croix, tableau également admirable par la composition, l'expression et le coloris. Dans une chambre près de la salle du trône, on trouve douze tableaux capitaux du Titien, dont le plus beau représente Adam et Eve. Ce tableau a pour pendant une copie parfaite que Rubens en fit, et qui, placée vis-à-vis l'original, est si ressemblante, qu'elle fait l'illusion d'une glace qui le réfléchirait. Dans cette même chambre, des tableaux de Paul Véronèse ; plusieurs de Bassan ; une Judith, du Tintoret ; Isaac bénissant Jacob, de l'Espagnolet. Dans les autres appartemens, une foule d'excellens tableaux des plus grands maîtres.

C'est dans le vieux palais de *Buen Retiro*, à Madrid, que l'on voit une statue fameuse de Charles-Quint, qui représente ce prince foulant aux pieds l'hérésie enchaînée. On trouve aussi dans ce palais plusieurs tableaux de Rubens et de Jordans.

Parmi les tableaux du château de Saint-Ildephonse, les connaisseurs distinguent particulièrement un beau saint Sébastien, du Guide ; un petit

tableau d'Amiconi, représentant trois anges charmans qui tiennent un saint suaire déployé ; une
suite de tableaux , représentant les principaux
traits de la vie de Job.

Dans la petite maison de M. le prince des Astu-
ries , plusieurs tableaux de l'Espagnolet, dont les
sujets sont tirés des saintes Écritures ; des Vierges ,
de Murillo.

Dans la petite maison de l'infant don Gabriel ,
des tableaux admirables de l'Espagnolet, et sur-
tout un saint Pierre, rempli d'expression et de vérité. Deux têtes ravissantes ; l'une du Corrége,
l'autre de Murillo , etc.

A Valence, dans l'église du collége du Patriarche , se trouve un tableau très-célèbre , de Ri-
valta ; il représente la cène. Le peintre Carducho ,
pour le voir, fit exprès le voyage de Valence.

Dans un pauvre village nommé Loeches , est
une petite église qui renferme six tableaux admirables de Rubens. Le principal est un grand tableau allégorique du triomphe de la Religion.
Après ce tableau , le plus frappant est celui qui représente Élie debout dans le désert, au moment où
un ange lui apparaît. L'attitude du prophète et son
expression ont quelque chose de divin. On prétend
que Rubens a donné à ses traits une ressemblance
frappante avec ceux de Henri IV.

A Salamanque , l'ancien collége des Jésuites a
été consacré à l'éducation d'une trentaine de
jeunes ecclésiastique qu'on y a établis en 1778. La

cérémonie religieuse de leur admission par les mains de l'évêque de Salamanque est retracée dans un beau tableau de Bayeux, élève du fameux Mengs, et l'un des meilleurs peintres de l'Espagne.

CHAPITRE XX.

SUITE DES COLLECTIONS DE TABLEAUX, etc.

GALERIE DE DRESDE.

Les tableaux religieux de la fameuse et superbe galerie de Dresde, sont :

Fameux tableau du Corrége. La sainte Vierge au milieu de plusieurs saints. Les figures principales, outre celle de la sainte Vierge et l'Enfant Jésus, sont : Saint Jean-Baptiste, saint George, saint Geminien, et saint Pierre martyr.

Un autre tableau du Corrége, aussi fameux, est encore la sainte Vierge avec des saints, qui sont saint Geminien, saint George et saint Sébastien, appelé communément le tableau de *saint George*, parce que cette figure est admirable. Le premier de ces tableaux est communément désigné sous le nom de *saint Pierre, martyr*, ou *saint George*; et le second, sous celui de *saint Sébastien*. Ces deux superbes tableaux sont peints sur bois.

Une petite Madelaine, du Corrége, peinte sur cuivre. Ce petit tableau est un chef-d'œuvre; il représente la Madelaine couchée dans le désert, lisant et méditant sur les saintes Écritures. On dit que les princes de la maison d'Est, qui l'ont possédé d'abord, en faisaient un si grand cas, qu'ils ne voyageaient jamais sans porter ce tableau, qui avait toujours une place dans leur voiture.

Abraham sacrifiant Isaac, grand tableau d'André del Sarte, peint sur bois. Ce peintre ayant offensé François Ier, dont il avait reçu beaucoup de bienfaits, fit ce beau tableau pour le lui offrir, afin de regagner ses bonnes graces; mais François Ier le refusa. Le tableau resta en Italie, d'où ensuite il a passé à Dresde.

Portement de croix, grand tableau peint par Paul Véronèse, dans lequel il s'est peint lui-même, sous la figure de saint Jean, qui reçoit dans ses bras la sainte Vierge évanouie.

L'Assomption de la sainte Vierge, d'Annibal Carache, superbe tableau. Rien n'y est négligé, pas même le fond, qui représente un lieu rempli de sépultures. On y trouve une idée heureuse. Le peintre a tracé, en bas-relief, sur la plinthe d'un tombeau, la chûte et la punition du premier homme, par allusion à la rédemption du genre humain.

Saint Roch se dépouillant de ses biens en faveur des pauvres, beau et grand tableau d'Annibal Carache. Il y a dans ce tableau une grande quantité de figures. On y admire également l'élégance et la fierté du dessin, la justesse des expressions, la variété, le choix et la noblesse des attitudes et des caractères, la manière savante dont les figures sont drapées, et la richesse de la composition. Il est sur toile; il a 17 pieds un pouce de large, et 11 pieds 9 pouces de haut. Le Guide estimait tellement ce tableau, que non seulement il en a fait une copie en petit, mais qu'il l'a encore gravé à l'eau forte.

Une Sainte Famille, du chevalier François Vanni, de Sienne. Ce peintre, d'une piété éminente, n'a jamais fait que des tableaux religieux.

David, victorieux de Goliath, de Dominique Feti. David est représenté seul, assis, tenant d'une main un sabre, et de l'autre la tête de Goliath. On voit, dans l'éloignement, des troupes, des tentes, et le corps de Goliath étendu sur l'arène.

Saint Pierre délivré de prison, beau tableau du chevalier Calabrois.

Entrevue de Jacob et de Rachel, un des plus beaux tableaux de Luc Jordane.

Le Sauveur bénissant le pain, tableau de Carlin Dolcy, Florentin, peintre très-religieux, qui n'a fait que des tableaux de piété.

La chasteté de Joseph, charmant tableau de Carle Cignani.

L'Adoration des Bergers, ou la fameuse nuit, admirable tableau du Corrége. Toute la lumière de ce tableau est portée sur l'Enfant Jésus, dont la figure éblouissante semble éclairer tout le tableau; belle idée qu'on a beaucoup imitée depuis, mais que le Corrége eut le premier. Ce précieux tableau appartenait au duc de Modène, qui s'en défit, ainsi que de plusieurs autres tableaux précieux, qui ont passé dans la galerie de Dresde.

La Vierge à la rose, tableau du Parmesan. L'Enfant Jésus reçoit une rose de la Vierge, et est appuyé sur le globe de la terre. La figure de la sainte Vierge est du plus beau caractère et d'une noblesse imposante.

Saint Roch secourant les pestiférés, du Procaccini.

La Femme adultère, de Barthélemi Biscaino.

Saint Pierre délivré par un ange, très-beau tableau de l'Espagnolet.

Loth et ses filles, de Luc Jordans.

La chaste Susanne, du même.

La Sainte Famille, appelée la Vierge au bassin, de Jules Romain, élève de Raphaël. La sainte Vierge et sainte Anne, lavant l'Enfant Jésus, debout dans un bassin, le jeune saint Jean verse de l'eau; figures de grandeur naturelle. Ce tableau est un chef-d'œuvre.

Plusieurs paraboles, par Dominique Feti. 1º La parabole du débiteur; 2º celle du grand souper, où sont invités les pauvres et les estropiés; 3º celle des aveugles, qui se montrent le chemin; 4º de l'homme qui a retrouvé sa brebis; 5º la drachme perdue, que cherche une femme avec sa lampe.

Tribut de César, du Titien, où un Pharisien

montre à Jésus-Christ la pièce de monnaie. Ce tableau est appelé *il Cristo della moneta.*

Les quatre Docteurs de l'église en méditation sur la conception immaculée de la sainte Vierge, des Dasse, deux frères natifs de Ferrare, qui travaillèrent ensemble, contemporains de l'Arioste. Leurs tableaux sont rares.

Sainte Madelaine couchée à terre dans une grotte, les mains jointes, et lisant dans un livre posé sur une tête de mort, superbe tableau de Jérôme Pompée Battoni.

Le martyre de saint Pierre et de saint Paul, de Nicolo del Abbate.

Un Christ couronné d'épines, soutenu par un ange, d'Annibal Carache.

La sainte Vierge, assise, tenant l'Enfant Jésus, adoré par saints Crépin et Crépinien. Saint Jérôme, assis, du Guide.

Saint Pierre, pleurant, et ayant un coq audessus de sa tête, de Jean Lanfranc.

Les sept Sacremens, de Joseph-Marie Crespy, surnommé *lo Spagnolo di Bologna.* Il représente le mariage par un époux de quatre-vingts ans, s'unissant à une jeune personne de quatorze ans. Les témoins et assistans se regardent tous avec étonnement. Celui de la Pénitence est le plus estimé.

Sainte Marie, égyptienne, priant dans sa cellule, de l'Espagnolet.

Jacob, conducteur des troupeaux de Laban, aussi de l'Espagnolet.

Le martyre de saint Laurent, du même.

Noé, ayant construit l'arche, y fait entrer des animaux de diverses espèces, de Benoît Castiglione.

Loth et ses filles, de Luc Jordans.

La Vierge et l'Enfant Jésus dans une gloire, de Solimène.

Un buste du Christ, de Moralès, peintre espagnol. On admire sur-tout la manière dont cet artiste traite les cheveux.

Une Vierge et l'Enfant Jésus, de Murillo.

Le chef-d'œuvre d'Holbein. La famille de Jacques Meyer, bourgmestre de Bâle, à genoux devant la Vierge et l'Enfant Jésus. (1)

De Jean Van-Eyck, né en 1370, inventeur de la peinture à l'huile. La sainte Vierge, l'Enfant Jésus et sainte Anne, présentant des fruits à l'Enfant Jésus ; tableau très-estimé, l'un des premiers fait à l'huile, d'un grand fini.

Saint Jérôme, pénitent, à ses pieds un lion, de l'Espagnolet.

----

(1) On voit à Bâle en Suisse des peintures bizarres d'Holbein, qui ont de la réputation, et dont le titre seul annonce assez le mauvais goût : elles s'appellent *la danse des morts ;* elles représentent toujours et par-tout la mort qui emporte des figures de tout âge et de tout état ; ce qui est exécuté d'une manière aussi monotone que grotesque. Ces peintures sont à fresque, et remplissent une grande galerie.

Jésus-Christ mort, avec les saintes femmes, par George Vasari, disciple de Michel-Ange.

Trois tableaux de Carle Dolce ; Hérodiade, portant la tête de saint Jean ; sainte Cécile, jouant de l'orgue ; le Sauveur bénissant le pain.

De Benedetto Lutti, buste du Sauveur, la main élevée pour bénir ; buste de la Mère des douleurs, les mains jointes.

De Pierre Pérugin, la Vierge ayant dans ses bras l'Enfant Jésus qui tient un oiseau, et que saint Jean regarde.

Saint George à cheval, venant de tuer le dragon, et tenant dans sa main la poignée de sa lance rompue. On remarque, à côté de lui, la jeune Cléodolinde (princesse de Lydie), à genoux, les mains jointes. Ce magnifique tableau, de Raphaël, est sur toile ; il a 7 pieds 4 pouces de haut, et 4 pieds 4 pouces de large.

La Vierge, en pied, avec l'Enfant Jésus, dans une gloire, avec saint Sixte et sainte Barbe, à genoux, autre grand tableau de Raphaël, très-célèbre aussi.

L'Assomption de la sainte Vierge en présence des apôtres, du Barroche.

Saint François recevant les stigmates, du même.

Buste de Moïse, d'Hyacinthe Brandi.

Prédication de saint Jean ; Rencontre de Jacob et d'Ésaü avec leurs familles ; l'Adoration des Bergers ; Joseph averti en songe, par l'Ange, de prendre la fuite ; quatre tableaux de Pascal Rossi.

14

La Pécheresse aux pieds de Jésus, à table chez Simon le Pharisien, de Gabbiani.

Les Sages de l'Orient, prosternés devant l'Enfant Jésus; une sainte Famille; l'Enfant Jésus tenant une pomme, deux tableaux de Joseph Chiari.

La Présentation de la Vierge au temple, de Jean Bellino. Ce peintre eut la gloire d'avoir pour disciples le Titien et le Giorgion.

Une sainte Famille, de Jean Buonsiglio, dit Marescalco; l'Alliance de Jacob et Rachel, qui s'embrassent, du Giorgion.

Admirable portrait de Catherine Cornara, reine de Chypre, habillée de deuil, tenant un chapelet d'une main, et de l'autre un mouchoir, figure jusqu'aux genoux, et l'un des plus beaux portraits qu'ait faits le Titien. C'est cette fameuse reine, qui, veuve et sans héritiers, institua la république de Venise son héritière, et lui légua le royaume de Chypre, qui lui appartenait du chef de son mari, le dernier prince de la maison de Lusignan.

La famille d'Alphonse Ier, duc de Ferrare, se mettant sous la protection de l'Enfant Jésus et de la Vierge, figures jusqu'aux genoux, sur toile, de 5 pieds 9 pouces de large, et 4 pieds 1 pouce de haut. Ce beau tableau du Titien, est, de l'avis de tous les connaisseurs, d'une vérité et d'une force de couleur surprenantes.

Un *Ecce Homo*, accompagné de Pilate et d'un bourreau, qui tient les cordes dont le Christ est lié, de Francesco Vecelli, frère et élève du Titien.

Une sainte Famille, de Polidore Langani, élève du Titien.

La Vocation de Matthieu le Péager, du Pordenone.

Les Israélites dans le désert, et beaucoup d'autres tableaux, dont les sujets sont tirés de l'Écriture, du Bassan.

La chûte des Anges, grand et beau tableau de 11 pieds 3 pouces de haut, et 7 pieds 10 pouces de large, du Tintoret.

Une sainte Famille avec saint Jérôme, de Pâris Bordone.

Une sainte Famille, dans laquelle l'Enfant Jésus embrasse le petit saint Jean, du Schiavone.

Saint François en prières devant un crucifix, de Jérôme Muriano.

Une grande quantité de tableaux de Paul Véronèse, presque tous religieux. La Résurrection de Notre-Seigneur; Suzanne; Présentation de Notre-Seigneur au temple; Jésus-Christ et les Disciples d'Émaüs; Jésus-Christ crucifié entre les deux larrons; la Vierge évanouie, soutenue par l'une des Maries, et sainte Madelaine embrassant la croix; Jésus-Christ et le Centenier; Moïse enfant, présenté à la fille de Pharaon; l'Adoration des Mages; le Samaritain charitable; mais le plus parfait de tous ces tableaux est celui qui représente les noces de Canaan. Paul Véronèse a souvent traité ce sujet, et toujours avec le plus brillant succès ; mais celui dont il est ici question , est d'une composition beaucoup plus agréable que celle de tous les autres, et n'y ressemble point. Ce tableau, sur toile, a 16 pieds de large, et 7 pieds 3 pouces de haut, et c'est l'un des plus célèbres de cette galerie.

Plusieurs beaux tableaux religieux , de Charles Calliari, de Joseph Porta, dit Salviati, de Palma le Jeune, de Sébastien Ricci, de Claude Ridolfi , de Darius Varotari, de Pierre Libari, de Pierre della Vecchia , de Jérôme Forabosco.

L'Enfant Jésus dormant sur un coussin blanc, tandis que deux anges , à côté de lui, le contemplent, d'André Pozzo. On dit que cet artiste faisait , de mémoire , les portraits les plus parfaitement ressemblans.

Le Massacre des Innocens, d'André Celesti.

Une sainte Famille, d'Antoine Bellucci.

Une Vierge tenant l'Enfant Jésus, tandis que deux anges préparent son berceau, de François Trevisani. (1)

La Nudité de Noé, par Jean-Baptiste Molinari.

Cette galerie possède 157 morceaux de la célèbre Carrière Rosa-Alba, tant portraits que sujets pieux et profanes. (2)

---

(1) Ce peintre peignit avec un égal succès l'histoire, le portrait, l'architecture, les marines, les paysages, les animaux et les fleurs.

(2) La Rosa-Alba était l'élève du cavalier Diamantini : elle mourut en 1757.

Le Sacrifice d'Abraham, de Jean-Baptiste Piazetta.

Caïn, ayant tué Abel, s'enfuit à la vue d'un ange qu'il apperçoit dans les nues, de François Migliori.

Buste de saint Pierre, de Nogari.

David, du chevalier Diamantini.

Repos en Égypte, au milieu de la nuit, où l'Enfant Jésus est adoré par des anges. Les figures en sont charmantes, et l'effet du clair de lune en est parfait. Ce tableau a 9 pieds 8 pouces de haut, et 7 pieds 4 pouces et demi de large; il est du comte Rotari.

Le Baptême de Jésus-Christ, de François Francia Raibolini. (1)

Plusieurs saintes Familles, de Benvenuto Garofalo. (2)

Le Christ conduit au Calvaire, et Notre-Seigneur livré par Judas, tableaux d'Hercule Grandi de Ferrare.

---

(1) Ce peintre fut d'abord orfévre et graveur sur métaux; il devint peintre sans avoir eu de maîtres; il naquit à Bologne, et Raphaël faisait tant de cas de son talent, qu'il lui adressa son tableau de sainte Cécile, qui devait être mis dans l'église de Saint-Jean, pour le raccommoder, au cas qu'il fût endommagé en chemin. Cet artiste mourut en 1530, âgé de quatre-vingts ans.

(2) On trouve, dans tous ses tableaux, une espèce de signature singulière : c'est un œillet, parce qu'en italien cette fleur s'appelle *garofalo*, le nom qu'il portait.

Deux Vierges, de Jean-Baptiste Salvi, dit Sarro-Ferrato.

Plusieurs saintes Familles, du Parmesan.

Un tableau très-estimé, de Jérôme Mazzuali, représentant saint George prosterné aux pieds de l'Enfant Jésus.

L'un des plus beaux tableaux, de Nicolo del Abbate, représentant le martyre de saint Pierre et de saint Paul. Nicolo fut disciple du Primatice.

Une sainte Famille, de Prosper Fontana, maître des Caraches.

Une sainte Famille, d'Horace Samachini, peintre gracieux, disciple de Tibaldi.

Un Retour d'Égypte et plusieurs saintes Familles, de Scarcellino, qui fut à la fois architecte et peintre.

Saint Roch secourant les pestiférés, beau tableau de Camille Procaccini.

Une sainte Famille, de Jules-César Procaccini, frère du précédent.

Sainte Famille, avec des Anges, de Lorenzo Sabatini, de Bologne.

Un Christ, couronné d'épines et soutenu par un ange, admirable tableau d'Annibal Carache.

Le Reniement de saint Pierre et saint Sébastien, deux tableaux du Caravage. (1)

––––––––––––––––––––

(1) Il naquit à Caravagio, château dans le Milanais, en 1569. Son père était maçon, et l'employait à faire de la colle pour les peintres qui peignaient à fresque. L'habitude de voir

Le martyre de sainte Apolline, de Flaminio Torres. Ce peintre avait un talent singulier pour copier les tableaux ; il avait si bien copié l'Enlèvement de Cassandre, du Guide, que le Volterano, passant par Bologne, prit la copie pour l'original, parce qu'il la trouvait plus franche et plus correcte. Sa copie du *tribut de César*, qu'il fit pour le duc de Modène, étant plus gracieuse et plus belle que l'original, fut vendue un prix exorbitant.

Plusieurs tableaux religieux, de François Albany.

La Madelaine contemplant un crucifix, de François Gessi.

Du Guerchin, Loth et ses filles ; saint Matthieu, saint Marc, saint Luc, saint Jean.

Un Spozalio, de Righi.

Du Cignacci, une Madelaine.

De Simon Cantarini, Joseph et la femme de Putiphar.

De Cittadini, Agar dans le désert.

De Zanchi, Rébecca recevant les présens d'Éliezer.

Une Madelaine, de Paul Pagani.

---

travailler des artistes lui inspira le même goût. Sans maîtres, sans avoir étudié les grands ouvrages, sans consulter l'antique, il devint un grand peintre. Il mourut en 1609, âgé de quarante ans. Ses disciples furent Manfredi, Charles Saragino, Joseph Ribeira, Gérard Hanthout, Jean-Charles Loth, de Munich.

De Crespi, un *Ecce Homo*, une sainte Famille, saint Joseph, tenant un livre fermé, et une branche de lis; l'Adoration des Bergers.

De Joseph Ribeira, dit l'Espagnolet, saint François d'Assise, sainte Marie Égyptienne, à genoux dans sa cellule, et priant, sur toile, de 3 pieds de largeur, et 2 pieds 5 pouces de haut, tableau charmant et très-célèbre; saint Paul, hermite, dans une grotte, et priant; Jacob, conducteur des troupeaux de Laban, de 7 pieds 10 pouces et demi de large, et 6 pieds 2 pouces de haut. Ce beau tableau est d'autant plus remarquable, qu'il est d'un genre gracieux et riant, et que presque toujours l'Espagnolet n'a traité que des sujets sombres ou mélancoliques. Le martyre de saint Barthélemi, rendu avec une vérité qui fait frémir; le martyre de saint Laurent.

D'André Vaccaro, un très-grand tableau, dont le sujet emblématique représente les mystères du Nouveau Testament, et leur harmonie avec l'Ancien.

De Bernard Strozzi, dit Prete-Genovèse (1), David, Esther, implorant Assuérus pour le peuple juif; Rébecca donnant à boire au serviteur d'Abraham.

De Benoît Castiglione, dit il Benedetto, Départ de Jacob et de Rachel; Noé faisant entrer les animaux dans l'arche, de 6 pieds 11 pouces de

____

(1) Il était capucin.

large; et 5 pieds 2 pouces de haut, et l'un des plus beaux tableaux de ce maître.

Le Voyage de Jacob avec sa famille, de la terre de Haram dans celle de Canaan. (1)

Du Calabrèse (2), David; saint Pierre délivré de sa prison, très-beau tableau, de 9 pieds 7 pouces de large, et 7 pieds 3 pouces de haut; le martyre de saint Barthélemi, de 7 pieds 1 pouce de haut, et 5 pieds 4 pouces de large. Ce tableau est l'un des plus estimés de ce maître. La conviction de saint Thomas, 7 pieds 1 pouce de large, et 5 pieds 2 pouces et demi de haut, le plus beau de tous. Le chevalier Calabrois a fait ce tableau dans la force de l'âge et de son talent, et il était animé par la reconnaissance. Il le peignit pour un véritable amateur de la peinture, qui l'avait nourri dans le temps où Naples était en proie aux horreurs de la peste et de la famine.

De Solimène, la Vierge et l'Enfant Jésus dans une gloire, avec l'Ange Gardien, qui lui présente un jeune enfant, et, à ses pieds, saint François de Paule à genoux, très-beau tableau; saint François

---

(1) Le Benedetto eut pour fils François Castiglione, qui fut un bon peintre.

(2) Élève de Lanfranc. Il naquit dans la Calabre, en 1643. Il fut appelé à Malte, où il orna de ses chefs-d'œuvres l'église cathédrale de Saint-Jean. On le nomma chevalier de Grace, et on lui donna la commanderie de Syracuse. Comblé d'honneurs et de richesses, il mourut à Malte en 1699.

en extase; une Vierge joignant les mains et levant les yeux vers le ciel, où l'on voit deux Séraphins.

De Sébastien Conca, Hérode interrogeant les Mages.

De Simon Vouet, peintre français, saint Louis porté sur des nuées et couronné par des anges.

Du Poussin, Noé et sa famille, offrant à Dieu un holocauste en action de grace, après la sortie de l'arche; Moïse sauvé des eaux; l'Adoration des Mages; l'Idolâtrie de Salomon.

D'Albert Durer, un Hermite.

Lucas Cranach le Vieux, Judith; Adam tenant une pomme; Eve tenant une pomme.

De Charles Loth, Job, un *Ecce Homo*, Loth et ses filles.

De Charles Screta, les Évangélistes, saint Grégoire assis et lisant, ayant une colombe sur l'épaule; saint Jérôme écrivant, saint Paul, saint Ambroise feuilletant un livre, Moïse.

Philippe Roos, de Tivoli, Noé à genoux, au milieu de plusieurs animaux.

De George-Philippe Ragendas, **un Champ de Bataille**, où l'on voit un prêtre présentant un crucifix à un mourant. La religion, rappelée dans cette scène d'horreur, en rend l'image terrible plus frappante et plus touchante.

De Dieterich, Notre-Seigneur guérissant des malades; un Repos en Égypte, l'Enfant Prodigue, Notre-Seigneur crucifié, un Champ de Bataille, où l'on voit un religieux emportant dans ses bras un blessé, l'Adoration des Mages, une Descente de Croix, la Samaritaine, une sainte Famille ; la Résurrection du Lazare, l'Ange annonçant la Nativité aux Bergers, l'Adoration des Bergers, Présentation.

De Mengs, une Madelaine. (1)

De Henri Van-Balen, l'Enfant Jésus accompagné de deux Anges.

De Matthieu Bril, le Départ du jeune Tobie et de sa nouvelle épouse pour Haram.

De Paul Bril, frère du précédent, le jeune Tobie conduit par l'Ange.

De Rubens, Bethsabée sortant du bain, saint Jérôme, le Jugement dernier, l'Adoration des Mages, saint Roch, Jésus-Christ dormant dans la nacelle pendant la tempête, et réveillé par ses disciples.

De Daniel Seghers, jésuite. Ce peintre peignait bien la figure, et peignait les fleurs avec la plus grande supériorité. On voit de lui, dans la galerie de Dresde, une guirlande de fleurs ornant un bas-relief sur lequel est représentée la Vierge te-

____

(1) On voit dans cette collection, de la sœur de ce grand artiste, Thérèse Mengs, deux beaux portraits à l'huile. Elle obtint une pension annuelle de 1,200 écus de la cour d'Espagne, où elle alla se fixer en 1764. Cette galerie possède encore de beaux ouvrages de deux femmes célèbres dans cet art ; l'une, mademoiselle Van-Oosterwich, qui peignit les fleurs avec supériorité ; l'autre, mademoiselle Verelst, peintre de portraits.

nant l'Enfant Jésus ; une guirlande de fleurs ornant des bas-reliefs représentant l'Adoration des Bergers ; une guirlande de fleurs encadrant un tableau représentant la Vierge et l'Enfant Jésus.

De Van-Dyck (élève de Rubens), la sainte Vierge assise, tenant d'une main l'Enfant Jésus, et de l'autre un sceptre ; saint Jérôme, ayant à ses pieds un lion, de 7 pieds 10 pouces de largeur, et 7 pieds de haut, superbe tableau.

De Rembrant, Manué et sa femme, offrant au Seigneur un sacrifice ; le Festin d'Assuérus.

D'Érasme, le Mariage de la sainte Vierge avec saint Joseph.

Sainte Catherine, couronnée par l'Enfant Jésus.

De Pierre de Laar, dit Bamboche, un Couvent où un religieux donne à manger à des pauvres rassemblés.

De Gérard Dow, une Madelaine.

De Ferdinand Bol, Moïse enfant, présenté à la fille de Pharaon ; un Repos en Égypte ; David remettant entre les mains d'Uri la lettre qu'il doit porter à Joab ; Joseph présentant son père Jacob à Pharaon, assis sur son trône.

Un Ange et un Homme endormi.

D'Hendrick Martensy Zorg, la Parabole du Maître de la vigne qui paie les Ouvriers.

De Berghem, l'Ange apparaissant aux Pasteurs.

De Henri Verscuring, un Portement de croix.

De Jean Van-Haensbergen, la sainte Vierge élevée au ciel, et couronnée par des anges ; l'Annonciation de la Nativité de Notre-Seigneur aux Pasteurs; l'Adoration des Mages; les Bergers adorant l'Enfant Jésus dans l'étable.

D'Arnaud de Gelder, Notre-Seigneur dans le prétoire, présenté par Pilate au peuple de Jérusalem.

De Charles de Moor, un Hermite en oraison.

De Vander-Werf, une Annonciation.

De Ghering, peintre qui excella dans les perspectives, l'Intérieur d'une Église, où l'on apperçoit un orgue et un mausolée.

D'Alessandrino, peintre milanais, des Religieuses récitant l'office, l'abbesse est assise près de l'autel, un livre à la main; un Réfectoire de Religieux.

CHAPITRE XXI.

SUITE DES COLLECTIONS DE TABLEAUX, etc.

DUSSELDORFF.

La fameuse collection de tableaux de Dusseldorff remplit une immense galerie et quatre grandes salles; ainsi que dans toutes les collections connues, les sujets de ses plus beaux tableaux sont tirés de l'Écriture Sainte. Voici les principaux : Une Vierge, de Dolcy, tenant l'Enfant Jésus debout sur ses genoux, et des fleurs dans sa main.

La figure de la Vierge est ravissante. Un Christ, du même, portant sa croix. On admire particulièrement la main qui tient la croix; elle est parfaite.

Les Vierges folles, tableau qui a beaucoup de réputation. On y admire un petit effet, qui ne mérite d'être cité que parce qu'il est rendu avec une vérité magique. Les Vierges folles, caractérisées par une gaieté évaporée, ont laissé tomber de leurs lampes des lumignons enflammés; ces lumignons font une telle illusion, que l'on croit qu'ils vont brûler le tableau. Ce tableau est de Scalken. (1)

Une Vierge enlevée au ciel par des Anges. La figure de la Vierge est céleste. Ce tableau, peint sur pékin, était autrefois une bannière.

Une grande collection de Vander-Werff; une chambre entière est remplie de ces tableaux précieux; les plus beaux sont : Abraham renvoyant Agar et Ismaël; une Naissance de Jésus-Christ; une Descente de Croix; un tableau admirable, représentant Notre-Seigneur sur la croix; la Vierge évanouie, et la Madelaine à genoux, pleurant en contemplant la Vierge. Cette figure de Madelaine

---

(1) Cet artiste n'a peint que des figures éclairées par des lampes ou des bougies; il a une grande réputation dans ce genre; il y a dans ses tableaux des détails précieux et vrais, mais toutes ses figures sont beaucoup trop rouges : c'est un effet absolument faux; jamais la lumière d'une lampe ou d'une chandelle ne colore ainsi le visage.

est un chef-d'œuvre d'expression et de vérité; il est impossible de la regarder sans attendrissement ; son visage exprime à la fois, avec la plus vive énergie, la vénération, la pitié, la tendresse et la douleur.

Quarante-six tableaux de Rubens. Le plus beau de tous est le Jugement Dernier, tableau d'une prodigieuse grandeur, dont la composition est sublime. Rubens, le plus laborieux de tous les peintres, a plus d'une fois exécuté ce grand sujet; mais ce tableau de Dusseldorff est le meilleur de tous. Il est vraisemblable que les autres ne sont que des esquisses ou des copies faites par ses élèves, et retouchées par lui. (1)

CHAPITRE XXII.

SUITE DES COLLECTIONS DE TABLEAUX, etc.

ANGLETERRE ET HOLLANDE.

A Londres, la *maison de la reine* contient une collection de tableaux. Ce qu'il y a de plus beau, sont les *cartons de Raphaël*, grands tableaux où l'on ne doit pas chercher la couleur, mais dont le

---

(1) Il y a dans cette collection un grand tableau fort singulier ; il représente une galerie de tableaux, et chaque tableau est fait par un maître différent.

dessin, l'effet des ombres, l'expression et la composition sont d'une beauté sublime. Ces tableaux, au nombre de six, représentent des sujets tirés du Nouveau Testament. Les plus frappans sont, la Mort d'Ananie et l'Aveuglement de Simon le Magicien. (1)

Le plus beau cabinet de tableaux qu'il y eût à Londres en 1792, était celui de M. Agar. On y voyait, entre autres, le Sermon sur la Montagne, dans un délicieux paysage, de Claude Lorrain.

Une sainte Famille, du Carache.

Une petite Madelaine couchée, du Corrége, tableau ravissant.

Une sainte Famille, très-beau tableau, du même.

La sainte Vierge et l'Enfant Jésus, tableau précieux, de Vander-Werff.

Une charmante Madelaine à mi-corps, grandeur naturelle, de Paul Véronèse.

Une sainte Famille, du Guide. (2)

On a fait à White-Hall, à Londres, une cha-

---

(1) On trouve, dans cette collection, le plus beau de tous les portraits, fait par Van-Dyck. Il représente Charles Ier à cheval ; un seigneur, à pied, tient son casque. C'est le seul portrait de Charles Ier, par Van-Dyck, dont la tête ait été peinte d'après nature. Tous ceux qu'il a faits depuis ont été copiés d'après celui-là.

(2) Cette collection possède le plus beau paysage qui existe du Poussin, par sa grandeur, son brillant coloris, sa composition et sa perfection.

pelle de la salle où Charles Ier fut prisonnier. Ce fut en sortant de cette salle qu'on le conduisit à la mort. Rubens a peint, dans cette chapelle, un superbe plafond allégorique, à la louange de Charles Ier. Ce plafond est composé de neuf grands morceaux ; il est d'une très-grande beauté.

Il y avait, en 1791, chez un marchand de tableaux (M. l'Enfant), un excellent tableau de Rubens, représentant Dalila, coupant les cheveux de Samson endormi. Le visage de Dalila exprime, avec une étonnante vérité, la crainte et le saisissement ; elle a l'air de retenir sa respiration : on croit voir trembler sa main.....

Dans le cabinet de tableaux du comte Ashburnham, le Baptême de Notre-Seigneur, par l'Albane ; le Baptême de l'Eunuque de la reine Candace, beau tableau de Salvator Rosa ; et, pour pendant, du même, saint Jean prêchant dans le désert.

Chez M. Vander-Gutch, Notre-Seigeur conduit au calvaire, de Rubens.

Chez le chevalier Hume, une belle Madelaine, du Titien ; un superbe tableau, représentant la Passion de Notre-Seigneur, du Carache.

Chez le duc de Dévonshire, un tableau du Poussin, représentant des Enfans adorant Notre-Seigneur. Le duc de Dévonshire possédait encore beaucoup de bons tableaux dans sa maison de Chiswick, près de Londres (1), et dans son su-

____

(1) C'est dans cette collection que se trouve le beau tableau

perbe château de Chatsworth. On trouve dans ce château une chapelle magnifique ; la tribune est parfumée par une sculpture charmante, dont tout le bois est en cèdre (1). On voit, dans les appartemens de ce château, un fort grand tableau de Gennari, très-remarquable par son agrément et son extrême beauté ; il représente une sainte Famille. Dans presque tous les grands châteaux anglais, on trouve de belles collections de tableaux ; cependant, malgré ce goût universel pour la peinture, l'Angleterre n'a produit qu'un seul bon peintre d'histoire, M. West. L'Italie a formé les plus fameuses écoles ; mais la France, l'Espagne, une partie de l'Allemagne et la Flandre (2), ont aussi leurs écoles, et toutes d'un grand genre : c'est que ces pays sont catholiques. Rien ne prouve

---

original de Bélisaire, par Van-Dyck. La tête de Bélisaire est très-belle ; la figure du soldat qui le contemple est sublime. Il est à remarquer que c'est cette composition si connue par les gravures, qui a fourni à M. Marmontel la plus belle page de son Bélisaire. Communément le peintre prend ses sujets dans des livres, mais, dans cette occasion, l'écrivain n'a fait que copier le peintre.

(1) Quoique cette chapelle soit fort belle, il est très-commun, en Angleterre, d'en trouver de beaucoup plus magnifiques. Tous les grands seigneurs catholiques en ont de superbes, et le service divin s'y fait avec une pompe et une solennité remarquables.

(2) L'école de Rubens et de Van-Dyck.

mieux l'heureuse influence de la religion sur les arts. La peinture n'a fleuri avec autant d'éclat dans ces diverses contrées, que parce que les artistes, s'honorant de placer leurs productions dans des églises, ont puisé, dans l'Écriture, presque tous les sujets qu'ils ont traités. Pour un tel genre, il fallait de la noblesse et de grandes compositions ; il fallait entreprendre des ouvrages d'une immense dimension ; il s'agissait de peindre les coupoles des plus vastes édifices, ou de placer ses tableaux à une prodigieuse élévation. Cette nécessité formait naturellement un genre majestueux, qui excluait toutes les idées mesquines, toutes les compositions ignobles ou licencieuses ; il ne suffisait pas aux artistes de donner à leurs figures les belles formes antiques ; il fallait joindre à la beauté, des expressions nouvelles et sublimes : c'est ainsi que le Guide, et beaucoup d'autres, ont embelli les têtes ravissantes de la famille de Niobé, en y joignant le caractère auguste de la vertu et d'une sensibilité céleste. Cette noble empreinte doit se trouver sur tous les visages des principaux personnages de l'Ancien et du Nouveau Testament ; elle doit caractériser les têtes vénérables de tous les saints, et s'unir aux autres expressions que demandent les divers sujets que l'on traite.

D'où nous viennent les caricatures, les petits tableaux grotesques, ou du genre le plus bas ? D'où nous viennent ces peintures ignobles représentant des tabagies, des cuisines, etc. ? De l'Augleterre, de la Hollande, des pays protestans, où les sectes religieuses ne veulent point de décorations intérieures et de tableaux dans leurs temples. Alors les peintres ne travaillent que pour des *cabinets* particuliers. N'ayant plus à faire que de petits tableaux qui doivent être vus de près, ils ne s'attachent qu'au *fini*, et à rendre avec vérité une nature vulgaire qui puisse frapper tous les yeux; ils exercent leur art sans émulation et sans génie.

On ne trouvera de grands peintres, des peintres véritablement sublimes, que dans les lieux où le culte catholique est le plus en honneur, dans les lieux où les églises magnifiques sont le plus multipliées; c'est une vérité de fait, qu'il est impossible de contester. On peut dire la même chose de tous les autres arts, de l'architecture, de la sculpture moderne, dont tous les vrais chefs-d'œuvres ont été faits pour des églises. Tous les grands sculpteurs modernes étaient catholiques, Michel-Ange, Raphaël, l'Algardi, le Bernin, Goujon, Puget, Girardon, Legros, Roubillac, etc. La musique même doit à la religion ses progrès et sa perfection. En Italie, en Allemagne et en France, les plus savans compositeurs ont été *maîtres de chapelle* et des écoles musicales de cathédrale. Le plus beau, le plus merveilleux des instrumens, l'orgue, ne pouvait être employé que dans une église.

En Angleterre, malgré les plus grands encoura-

gemens donnés aux artistes, malgré l'établissement
d'une académie de peinture, cet art n'y a pas fait
le moindre progrès ; les artistes ont fait beaucoup
de tableaux, dont les sujets sont tirés de l'histoire
nationale, et, dans ce grand nombre de tableaux,
il ne s'en trouve pas un seul qu'on puisse citer.
Après avoir épuisé ces sujets en général, très-lu-
gubres et très-noirs, ils ont formé des galeries en-
tières des tragédies de Shakespeare; et toutes ces
peintures, sans aucun intérêt pour les étrangers,
n'offrent d'ailleurs que des pantomimes théâtrales,
sans charme et sans vérité.

Indépendamment de la vérité qui sera toujours
l'unique base du *beau*, ainsi que de tout ce qui est
utile et bon, le culte catholique, par son ancienneté, sa pompe et l'éclat de ses solennités, est le
seul qui puisse exalter l'imagination d'un artiste.
Enfin, qui pourrait être insensible à la gloire d'enrichir, par ses talens, le sanctuaire de la religion,
et de voir le fruit de son génie et de son travail,
consacré par la piété, devenir l'objet de la vénération publique?

En Hollande, la collection du stadhouder n'é-
tait presque composée que de tableaux d'un petit
genre; il y en avait cependant quelques-uns de
l'école d'Italie, entre autres, un très-beau, représentant Adam et Eve, de Carle Giniani. Cette
collection a été conquise par les Français (1). A

____

(1) Elle renfermait le plus beau et le plus grand tableau de

l'hôtel de ville d'Amsterdam, dans la chambre du conseil, on trouve d'assez bons tableaux, de Bronkhorst, dont tous les sujets sont tirés de la Bible. On voit aussi des tableaux du même genre, et de Bol, dans la chambre des échevins.

En 1778, le plus beau cabinet de tableaux d'Amsterdam était celui de M. Hope; il ne contenait que de petits tableaux hollandais : on y admirait sur-tout un charmant petit tableau de Vander-Werff, représentant Loth et ses filles.

CHAPITRE XXIII.

DES COSTUMES ET DES SITES DES TABLEAUX RELIGIEUX.

L'HISTOIRE ancienne n'offre aux peintres que deux costumes qui se ressemblent beaucoup, le grec et le romain (1). La mythologie ne leur

---

Paul Pautre, qui soit connu. Les objets y sont de grandeur naturelle ; il représente un paysage, deux vaches, une chèvre, des moutons, un homme et un gros arbre.

Après ce tableau, le plus beau que j'aie vu de ce maître, était à Amsterdam, dans le cabinet de M. Hope. Il représente un orage et le tonnerre, fracassant un arbre : on y voit une vache abattue de frayeur, et un taureau sur pied, dans une attitude menaçante.

(1) L'égyptien, le persan, l'africain, etc., en diffèrent

fournit que des figures qui ne peuvent être que nues ou drapées. Les sujets tirés de l'Ancien et du Nouveau Testament, et la vie des saints, donnent tous les costumes antiques et modernes. L'histoire du peuple de Dieu se trouvant mêlée avec celle de toutes les autres nations, une grande partie des sujets tirés de la Bible oblige les artistes à peindre des personnages païens de tous les pays de l'univers. Le Nouveau Testament offre la même variété de costumes, enrichie encore par la vie des saints, des pères du désert, des religieux diversement habillés, et des missionnaires, instruisant des peuples sauvages. Enfin les anges, les vertus théologales et emblématiques, fournissent des figures qu'ils peuvent draper à volonté.

Le costume hébreu est noble et beau; il est plus intéressant qu'aucun autre costume antique, parce qu'il est le seul qui nous ait été fidellement transmis : on le voit dans toutes les synagogues, tel qu'il était du temps de Moïse, et l'é-

---

si peu, qu'on ne saurait les distinguer dans les tableaux d'histoire : d'ailleurs, ces différences sont très-peu connues de la plupart des artistes ; et, comme les descriptions en ce genre sont toujours très-imparfaites, il est à croire que les savans les plus instruits à cet égard n'ont que des notions très-superficielles, et souvent très-fausses, sur les habits et les modes des anciens. Au reste, comme tous les traits brillans de l'histoire ancienne sont tirés de l'histoire des Grecs et des Romains, on peut dire que la peinture ne trouve, dans l'antiquité, que deux costumes presque semblables.

glise même en a conservé les formes dans ses habits sacerdotaux. Ainsi sur ce point, comme sur tous les autres, les sujets religieux sont infiniment plus favorables aux arts que les sujets profanes. Les solitaires n'avaient, en général, que des espèces de draperies de bure, ou ne se couvraient que de peaux d'animaux; presque tous les anachorètes d'Orient étaient vêtus de tuniques de poil de chèvre; les religieuses, en Perse et en quelques autres pays, avaient sur la tête un voile bleu; elles portaient une tunique très-courte et un manteau, et des caleçons bleus qui leur descendaient jusqu'aux talons; la robe ou la tunique était noire ou brune, ou couleur de roses sèches. Les religieuses qui se trouvaient en Éthiopie étaient habillées en toile de coton ou en peau jaune; elles avaient les bras nus, et leur habit et leur coiffure étaient à peu près semblables à l'habit grec à la mode aujourd'hui (1). Tous ces costumes sont très-pittoresques, et il est extraordinaire qu'aucun peintre, jusqu'ici, n'en ait fait usage dans les tableaux religieux. Les sites des tableaux religieux peuvent être aussi variés que les costumes : on peut les placer en Judée, en Égypte,

---

(1) Ces costumes et tous ceux des religieux sont parfaitement gravés dans le livre intitulé : *Histoire des ordres religieux et militaires*, etc., par le père Hélyot, édition in-4°.

en Grèce, en Italie, dans les pays du nord, partout où la véritable religion a pénétré, c'est-à-dire sur la surface entière de la terre.

~~~~~~

CHAPITRE XXIV.

DES SUJETS NOUVEAUX QUE L'ON POURRAIT ENCORE TIRER DES SAINTES ÉCRITURES.

LES sujets déjà traités peuvent l'être encore éternellement; le génie des artistes peut les rajeunir par de nouvelles combinaisons : d'ailleurs, il n'en est pas de la peinture comme des ouvrages littéraires. Ces dernières productions, qui ne parlent qu'à l'esprit, ne peuvent plaire que par la nouveauté du plan, des caractères et des idées. Le poète dramatique, doué du talent le plus rare, n'aura jamais la pensée extravagante de refaire Athalie. En littérature, dès qu'un sujet est traité supérieurement, il est épuisé, parce que, dans une situation déterminée, et avec des caractères donnés et bien tracés, il ne peut y avoir qu'une seule manière vraie de sentir et d'agir ; mais, en peinture, ce qui frappe le plus, sont les couleurs et les formes que l'on peut varier à l'infini, ainsi que la manière de grouper et de draper. Les figures et les sites sont inépuisables comme la nature même, et la même expression sur un visage dif-
~~~~~~

férent forme un tableau nouveau d'un sujet traité mille fois par les plus grands maîtres.

Tous ces sujets sublimes, dont l'exécution a immortalisé tant de peintres supérieurs, richesses éclatantes de l'art, s'offriront donc toujours à l'ambition des artistes qui auront assez de génie et d'élévation d'ame pour en sentir la noblesse et la beauté. De dignes émules de Raphaël et du Guide peuvent peindre à jamais des *saintes familles*, ou les majestueuses figures des apôtres ; mais, outre ces sujets inépuisables, il en est une infinité de nouveaux, c'est-à-dire que la peinture n'a point retracés, et que la religion présente encore. On trouvera particulièrement dans l'histoire des Juges, des Rois et de Daniel, une infinité de sujets qui n'ont jamais été traités, entre autres, les adieux de Noémie à ses belles-filles, idolâtres, qui la reconduisirent jusqu'aux confins de leur pays ; l'une alors (Orpha) la quittant en pleurant, et l'autre (Ruth), déclarant qu'elle ne pouvait se résoudre à se séparer d'elle, en lui disant ces paroles touchantes : *Votre Dieu sera mon Dieu, la terre où vous mourrez me verra mourir, et je serai ensevelie où vous le serez. Je veux bien que Dieu me traite dans toute sa rigueur, si jamais rien me sépare de vous que la mort seule.*

On n'a jamais représenté la vision de Daniel, qui, sur les bords du Tigre, tomba terrassé d'étonnement, d'admiration et de frayeur, en appercevant une figure d'homme resplendissante de lumière, *vêtu de lin, et dont les reins étaient ceints d'une ceinture d'un or très-pur*, et qui lui donna les ordres du Seigneur. Daniel, chap. 10.

On n'a jamais peint la veuve de la ville de Thecua, envoyée par Joab, et qui, en longs habits de deuil, se jette aux pieds de David, et le fléchit en faveur d'Absalon, par une parabole si ingénieuse. Les Rois, liv. 2, chap. 14.

David un jour, dans une marche de guerre, en traversant un désert stérile, fut pressé de la soif, et l'on n'avait point d'eau. Trois officiers de son armée partent à l'instant, traversent le camp ennemi, vont puiser de l'eau à la citerne de Bethléem, et l'apportent au roi. David reçoit l'eau avec reconnaissance, mais il refuse de la boire ; il l'offre au Seigneur ; il la répand, en disant : *Boirai-je le sang de ces hommes, et ce qu'ils ont acheté au péril de leur vie !....*

David a fait beaucoup d'actions de clémence ; celle-ci mériterait d'être consacrée par la peinture. Lorsqu'il fut obligé de fuir de Jérusalem, un nommé Séméï l'outragea par les discours les plus insolens et les plus injurieux, et ensuite lui lança une grêle de pierres. Les gens de David voulaient le tuer ; David le défendit. Quand David rentra victorieux dans Jérusalem, Séméï vint se jeter à ses pieds, pour implorer sa grace. Les officiers de David, qui entouraient ce prince, s'écrièrent que Séméï méritait le dernier supplice. David répondit : *Est-ce ici un jour à faire mourir un Israé-*

lite , et puis-je oublier que je deviens aujour-
d'hui roi d'Israël ?.... Il relève Séméi , et il lui
dit : *Vous ne mourrez point , et il le lui jura.* Les
Rois, liv. 2 , chap. 19.

On pourrait tirer le sujet d'un magnifique tableau de la description du rétablissement du temple de Jérusalem (sous Cyrus), qui se trouve dans
Esdras.

Les fondemens du temple du Seigneur ayant
donc été posés par les maçons , les prêtres , re-
vêtus de leurs ornemens , se présentèrent avec
leurs trompettes , et les lévites, fils d'Asaph ,
avec leurs timbales, pour louer Dieu , selon
que David , roi d'Israël, l'avait institué. Ils
chantaient tous ensemble des hymnes, et pu-
bliaient la gloire du Seigneur.... Tout le peuple
poussait aussi de grands cris , en louant le Sei-
gneur, parce que les fondemens du temple du
Seigneur étaient posés , et plusieurs des prêtres
et des lévites, des chefs de famille et des an-
ciens , qui avaient vu le premier temple , après
que l'on eut jeté à leurs yeux les fondemens de
celui-ci, jetaient de grands cris mêlés de larmes ;
et plusieurs aussi, élevant leurs voix, poussaient
des cris de réjouissance , et on ne pouvait dis-
cerner les cris de joie d'avec les plaintes de ceux
qui pleuraient, parce que tout était confus dans
cette grande clameur du peuple ; et le bruit en
retentissait au loin. Esdras, liv. 1er, chap. 3.

Voilà un superbe tableau admirablement tracé.

La Bible offre une infinité d'autres traits aussi intéressans, dont les peintres n'ont jamais fait usage. On en pourrait trouver encore dans le Nouveau Testament, et la vie des saints en fournit une multitude : on n'en citera qu'un petit nombre.

Saint Simplice était évêque d'Autun vers l'an 346 : il y avait encore beaucoup d'idolâtres dans son diocèse. Un jour, au temps des moissons, le peuple porta une statue de Cybèle dans un char traîné par des bœufs au milieu des champs. Le vénérable évêque survient tout à coup. Au nom du vrai Dieu, il ordonne au char de l'idole de s'arrêter ; et les bœufs, pressés en vain par l'aiguillon, ne veulent plus marcher ; le char devient immobile. Ce sujet imposant présenterait un beau spectacle et une grande variété d'expressions dans les têtes du peuple ; quelques idolâtres paraîtraient indignés ou furieux de l'audace du saint évêque ; d'autres exprimeraient l'admiration, le saisissement, la frayeur, et tous témoigneraient une vive surprise, et la figure calme et majestueuse du saint contrasterait d'une manière admirable avec ces divers mouvemens.

L'abolition des combats de gladiateurs fournirait encore un beau sujet de tableau. Un saint religieux, nommé Télémachus, vint à Rome du fond de l'Orient, avec le projet de travailler à cette œuvre bienfaisante : il eut le courage d'aller un jour dans l'arène, d'interrompre les jeux, et, au nom de la religion, de haranguer les gladiateurs.

Le peuple, qui aimait avec passion ces spectacles sanglans, massacra Télémachus, qui, regardé comme un martyre de la charité chrétienne, fut mis au nombre des saints. Cet événement décida l'empereur Honorius à abolir entièrement ces jeux barbares.

De grands peintres ont représenté saint Roch se dépouillant pour vêtir un pauvre. Cette action fut si commune parmi les saints, qu'elle se trouve dans l'histoire de tous. On pourrait faire un tableau plus intéressant encore de saint Bisarion, qui, n'étant couvert que d'une peau de chèvre, ne possédant plus au monde qu'un beau livre d'Évangiles qu'il conservait précieusement depuis son enfance, le sacrifie et le donne à un pauvre.

Il semble qu'en général les peintres célèbres auraient pu trouver dans la vie des saints des miracles qui fournissaient un spectacle ou plus brillant, ou d'un genre plus gracieux que la plupart de ceux qu'ils ont choisis. Par exemple, l'histoire de sainte Casilide : elle était fille d'un roi maure, et, bravant les défenses les plus rigoureuses, elle porta, dans un pan de sa robe, des alimens aux prisonniers chrétiens, condamnés à mourir de faim. Le roi, soupçonnant son dessein, l'épia, la suivit, et, accompagné de ses gardes, l'arrêta à quelque distance du palais, et lui commanda de déployer sa tunique. Casilide obéit en tremblant, et, au lieu de montrer les alimens qu'elle avait cachés dans sa robe, elle ne découvre qu'un monceau de fleurs. La surprise, la joie, le saisissement que doivent lui causer ce miracle, donneraient à sa figure une expression admirable.

Dans le genre gracieux, on trouve deux sujets charmans dans la vie des saints ; l'un, la vision de sainte Dorothée, dans laquelle elle vit un ange lui apporter un bouquet de roses ; l'autre, saint Médard, instituant la *rosière de Salency*, et, pour première rosière, couronnant de roses sa propre sœur.

Que de sujets touchans dans la vie de saint Vincent de Paule ! Son fameux sermon, lorsqu'il fit entourer sa chaire par les nourrices des enfans trouvés, tenant ces pauvres enfans dans leurs bras, qui, se mettant à crier, inspirèrent au saint le plus beau de tous les mouvemens d'éloquence ; quand s'interrompant lui-même, et s'adressant aux dames qui l'écoutaient, il leur dit : *Entendez-vous, Mesdames, les gémissemens de ces innocentes petites créatures ? c'est vous qu'elles implorent....* etc.

On pourrait peindre encore ces dames de la cour et de la ville, dans tout l'éclat de la jeunesse et de la beauté, conduites par saint Vincent dans les salles de l'Hôtel-Dieu, fondé par lui avec leurs secours, et distribuant aux malades des fruits et des rafraîchissemens.

Les faits suivans pourraient également servir à la peinture.

L'entrevue de Totila, roi des Goths, et de saint Benoît.

Saint Nicolas Studite, pleurant et priant la nuit sur le tombeau de son ami saint Théodore. L'histoire ne présente point d'exemple d'une amitié plus pure et plus parfaite que celle qui unit ces deux saints. Nicolas s'associa volontairement aux souffrances de Théodore, tout le temps que dura la persécution contre le culte des images. Nicolas voulut suivre son ami dans son exil et dans les prisons ; et, après sa mort, il fixa pour jamais sa demeure près de sa sépulture.

L'entrevue de saint François de Sales et de Henri IV, etc.

Que de traits les peintres pourraient recueillir dans la vie des pères du désert ! entre autres, sainte Marie Égyptienne, n'ayant pour vêtement que ses longs cheveux, rencontrant dans le désert le vénérable Zozime, se mettant à genoux devant lui, pour lui demander sa bénédiction, tandis que le saint vieillard lui jette son manteau sur les épaules ; et combien sont favorables à la peinture les sites agrestes du désert, et ces humbles demeures des anachorètes, ces grottes pittoresques, formées de branches d'arbres ou creusées dans le roc, souvent à côté des torrens ou sur le bord des précipices , asiles respectables de la piété silencieuse et contemplative !

Un peintre ne pourrait rien inventer de plus agréable que la grotte de Paul Ier, hermite, telle qu'elle est décrite dans la vie de ce saint. S'étant voué à la solitude, Paul, après avoir erré long-temps, rencontra une montagne de roche, au pied de laquelle était une spacieuse caverne : il y entra, et trouva une espèce de grand salon sans toit, tapissé de mousse et de fleurs champêtres, ombragé d'un majestueux palmier, et traversé par une fontaine d'une eau pure et transparente qui, tombant en cascade du haut d'un rocher dans le fond de la grotte, formait un ruisseau qui s'allait perdre dans les campagnes, etc.

L'histoire des martyrs du Japon est remplie de traits frappans, ainsi que celle des missionnaires. Ces vénérables religieux, s'exposant à tous les dangers pour aller instruire des sauvages, présentent les tableaux les plus touchans et les plus extraordinaires. En 1599, le père d'Ortega traversait, avec une troupe de néophytes, une plaine qui séparait deux rivières, dont l'une se décharge dans le Paraguai, et l'autre dans le Parana ; elles se débordèrent tout à coup : bientôt le missionnaire et sa suite perdirent terre, et furent contraints de monter sur des arbres. L'inondation croissait toujours ; il survint une grosse pluie, accompagnée de tonnerre. Ceux qui n'avaient grimpé que sur de petits arbres, furent noyés. Le père, avec un de ses disciples, était sur un arbre très-élevé ; ils voyaient emporter, par le courant impétueux des eaux, des lions, des tigres, d'autres animaux féroces, et des serpens ; une énorme vipère s'attacha

à l'une des branches de l'arbre du père d'Ortega ;
il s'attendait à en être bientôt dévoré, lorsque le
poids de ce reptile ayant cassé la branche, il re-
tomba dans l'eau, et tourna d'un autre côté. Les
voyageurs étaient depuis deux jours dans cette affreuse situation : la tempête ne se calmait point ;
l'eau croissait toujours, lorsque, vers le milieu de
la nuit, le missionnaire apperçut, à la lueur des
éclairs, un Indien qui, à la nage, venait vers lui,
en lui criant que trois cathécumènes et trois chrétiens, prêts d'expirer, demandaient, les uns, le
baptême, les autres, l'absolution. Le père lia son
disciple sur l'arbre, car il ne pouvait plus se soutenir ; ensuite, malgré son propre épuisement, il
se jeta à la nage, suivit l'Indien, et malgré des
branches d'arbres hérissées de grosses épines, dont
l'une lui perça la cuisse de part en part, il arriva
près des mourans, les baptisa, les exhorta, et re-
çut leurs derniers soupirs. Il retourna à son arbre.
L'eau commençait à baisser ; et, sur la fin du troisième jour, le père et ce qui restait des néophytes
poursuivirent leur chemin jusqu'à la première
ville. Le père vécut vingt-trois ans après cette
aventure ; mais sa plaie à la cuisse l'incommoda
toujours et ne se ferma jamais. *Histoire du Paraguai, par le père* CHARLEVOIX. (1)

---

(1) On éprouve la plus vive admiration pour le zèle et le
courage surnaturel des missionnaires, lorsqu'on songe à tous
les périls qu'ils ont bravés, et à tout ce qu'ils ont souffert dans

Des artistes habiles pourraient certainement tirer un grand parti de ces scènes étonnantes, et
même des cérémonies si frappantes et si pom-
peuses que les jésuites établirent dans le Paraguai,
entre autres, leurs processions solennelles de la
Fête-Dieu, dans lesquelles tous les êtres vivans
semblaient se réunir pour louer le Créateur. Des
allées d'orangers, parsemées de roses, conduisaient
aux reposoirs décorés de guirlandes et de festons
de fleurs; des lions, des tigres, et tous les animaux
des forêts, attachés dans des arbustes fleuris, placés entre les orangers, paraissaient attirés, adou-
cis et fixés là par une puissance surnaturelle : on
les voyait sans appercevoir leurs chaînes, cachées
par des feuillages; on entendait leurs rugissemens

---

toutes les parties du monde où la charité chrétienne les a con-
duits. Des milliers de jésuites, missionnaires, reçurent le martyre, en allant chez les Indiens sauvages pour leur prêcher la foi
et la morale évangélique, ou en les rencontrant dans leurs
voyages. Souvent ces sauvages venaient piller et massacrer
des bourgades chrétiennes ; souvent les missionnaires périrent
dans les plus horribles supplices; et ces exemples, si communs
dans tous les pays, ne ralentirent jamais le zèle des missionnaires. On ne trouvera rien de semblable parmi les protestans ;
cette généreuse intrépidité n'appartient qu'aux prêtres catholiques ; des *pasteurs* mariés n'ont nulle envie d'abandonner
leurs femmes et leurs enfans, pour aller au-delà des mers prêcher des peuples barbares, ou délivrer des captifs chrétiens. Le
célibat des prêtres est donc en ceci, comme en beaucoup d'autres choses, éminemment utile à la religion et à l'humanité.

s'unir aux voix des prêtres, des néophytes, et au son des instrumens guerriers et champêtres; des millions d'oiseaux, les colibris, les perroquets, tous ces oiseaux d'un plumage éclatant, liés aux branches des orangers par des fils imperceptibles, battaient des ailes, et faisaient retentir les airs de leur ramage : on entrevoyait, à travers les palissades d'orangers et de fleurs, tous les animaux domestiques répandus dans les prairies voisines; leurs bêlemens et leurs rugissemens complétaient ce concert universel de la nature entière. La procession traversait lentement ces allées enchantées, non disposées en droites lignes, mais formant des sinuosités coupées par des bocages, des arcs de triomphe de verdure, et des fontaines et des jets-d'eau artificiels. Les prêtres portaient le Saint-Sacrement sous un dais de pampres, de fruits et de fleurs; les néophytes, hommes et femmes, vêtus de blanc et à l'indienne, suivaient, en chantant des hymnes, des enfans légèrement drapés, les bras et les pieds nus, portaient d'élégantes corbeilles de jonc vert, remplies de feuilles de roses dont ils jonchaient les chemins : les musiciens fermaient la marche; ils étaient divisés en trois bandes, représentant des guerriers, des pâtres et des sauvages; ils formaient une harmonie dialoguée, composée de cornemuses, de pipeaux, de flageolets, de cymbales, de trompettes et de tous les instrumens des peuples sauvages. Jamais la reconnaissance et la piété n'ont célébré l'auteur de

la nature d'une manière plus ingénieuse, plus so-
lennelle et plus frappante. *Histoire du Paraguai,
par le père* CHARLEVOIX.

CHAPITRE XXV et dernier.

RÉSUMÉ DE CET OUVRAGE.

ON croit avoir montré, dans cet ouvrage, combien la religion chrétienne a été favorable aux arts.
La mythologie est usée, et sans intérêt pour nous;
et, comme on l'a déjà dit, ses divinités et ses personnages n'offraient aux artistes aucune de ces expressions célestes et sublimes qui doivent caractériser les figures représentées dans les tableaux religieux. Quelle fut donc la mauvaise foi ou l'ignorance des prétendus philosophes qui ont soutenu,
pendant soixante ans, que la religion chrétienne
était défavorable à tous les beaux arts, et par
les sujets qu'elle présente, et par ses préceptes, et
sur-tout par le rigorisme de ses prêtres (1)? Com-

(1) Les critiques qu'ils ont faites des sujets religieux considérés
relativement aux arts, sont toutes dépourvues de raison, et
même de fondement. Par exemple, ils se sont beaucoup ré-
criés sur la forme que les artistes modernes donnent à la
mort. Si dans les sujets terribles l'idée la plus naturelle et
la plus frappante est la meilleure, on a dû donner à la mort
la forme d'un squelette. Cependant la mort est mystérieuse,
elle frappe sans se montrer, ou du moins en se cachant à

ment la religion condamnerait-elle les beaux arts, quand Dieu lui-même les employa tous pour embellir le temple superbe qui lui fut consacré par son peuple, et quand la plus sublime poésie

---

moitié; et c'est ce que n'ont exprimé ni les anciens, ni les modernes. Il me semble que les peintres pourraient représenter la mort enveloppée et cachée dans un long voile de crêpe noir, ne laissant voir à découvert qu'un bras formidable et décharné, armé d'une faulx menaçante. Au reste, la religion ne dépeint point figurément cet être abstrait; les livres saints ne contiennent point de description poétique de la mort; c'est la fable qui dit qu'il faut la représenter *n'ayant que les os, et avec une robe noire parsemée d'étoiles*. Dictionnaire de la Fable, de CHOMPRÉ. Les artistes ont retranché la robe *parsemée d'étoiles*, mais c'est dans la mythologie qu'ils ont pris l'idée du squelette. Il est vrai que la fable donne d'autres descriptions de la mort, mais beaucoup moins heureuses encore : elle dit que la mort est d'une taille gigantesque, couvrant un champ de bataille, montrant des dents proportionnées à cette taille monstrueuse, tenant un glaive ensanglanté, ayant des ailes de chauve-souris, etc. Cette image n'est pas très-gracieuse, et il était difficile que la peinture et la sculpture en fissent usage. La mythologie est si absurde, que les artistes anciens ont été obligés d'en faire une autre pour eux; mais c'est à tort qu'on les loue de n'avoir pas donné à la mort la figure d'un squelette. Cette espèce de ménagement ne tenait qu'à des superstitions généralement répandues dans la Grèce. Des hommes qui n'osaient prononcer le nom de la mort, qui, dans la crainte de former de sinistres présages, n'en parlaient jamais qu'avec des tournures extrêmement adoucies, de tels hommes ne pouvaient représenter la mort sous des traits positifs, c'est-à-dire avec une forme effrayante, qui, au vrai, est la seule qui lui convienne.

se trouve dans les livres sacrés ? Quels ont été les plus constans, les plus utiles protecteurs des arts ? Les papes, les cardinaux et les religieux des grands monastères. Quels sont les écrivains laborieux, infatigables, qui ont fait sur l'histoire, sur la littérature et sur les antiquités, les recherches les plus pénibles, et qui demandaient le plus de lumières et de science ? encore des religieux ; les oratoriens, les bénédictins, etc. Quel sont nos meilleurs historiens ? des ecclésiastiques. Quels furent les hommes du plus grand génie et les hommes les plus éloquens que la France ait produits ? des ecclésiastiques. A qui devons-nous ces beaux restes d'antiquité, dont les chefs-d'œuvres enrichissent notre patrie ? à des papes qui les ont découverts, qui les ont conservés et fait restaurer, qui en ont formé d'admirables collections. Ce monument unique, cette majestueuse merveille de l'architecture, Saint-Pierre de Rome, qui l'a fait élever, qui a déployé dans son immense intérieur toute la magnificence, toute la splendeur des beaux arts ? des papes. Quels sont ceux qui ont eu la gloire de protéger, d'enrichir, de combler d'honneurs les Raphaël, les Michel-Ange, le Bernin, etc. ? des papes et des cardinaux. D'où viennent ces tableaux parfaits qui décorent notre Musée ? des couvens et des églises d'Italie. A qui les doit-on ? à la religion. Qui les commanda, qui les fit faire ? des religieux. Ces superbes mosaïques modernes, à qui les doit-on ? aux encouragemens donnés

par les papes. Ce sont eux qui ont établi ces magnifiques manufactures. Qui a protégé avec éclat, en
Italie, les lettres et la poésie, qui les a fait revivre?
Léon X, ses successeurs, et des cardinaux illustres, qui les ont eux-mêmes cultivées avec le plus
brillant succès. Sous quels souverains a-t-on vu en
France renaître et fleurir les lettres et les arts? sous
les princes qui furent le plus attachés à la religion
et le plus occupés du soin de la maintenir; Charlemagne, François Ier et Louis XIV (1); et, dans
le dix-neuvième siècle, cette main victorieuse et
puissante qui rouvrit les temples, qui releva les
autels et rétablit le culte proscrit, ne la voyons-
nous pas soutenir avec fermeté la religion qu'elle
nous a rendue, et protéger avec éclat les sciences,
les lettres et les arts?.... Tandis qu'au contraire,
sous l'empire des princes ouvertement irréligieux,
on a toujours vu la littérature et les arts tomber
en décadence. L'époque de la régence, qui suivit
le règne de Louis le Grand, fut, en France, celle
de la decadence du goût. Ce fut à la fin de cette
régence, que la licence des mœurs corrompit la
littérature et les arts. On établit en principes qu'il
est beau de tout dire et de tout peindre. Bientôt

---

(1) On ne parle point de saint Louis, parce que les croi-
sades et les longs voyages qu'elles occasionnèrent ne permirent pas, dans ce siècle, de s'occuper des arts : cependant ce grand prince les aima ; il accueillit les poëtes et les
gens de lettres ; il en attacha même plusieurs à sa personne.

l'insolence et la folie furent appelées une noble hardiesse. En quoi consistait ce prétendu courage? A répandre des écrits pernicieux qu'on n'osait signer, à désavouer publiquement des ouvrages anonymes, à passer sa vie à se rétracter, à mentir, à se cacher honteusement. Quoi de plus extravagant et de plus vil, que d'établir soi-même une opposition révoltante entre sa conduite et ses opinions, d'outrager la religion qu'on est obligé de suivre, de fronder les lois auxquelles on est forcé de se soumettre, de dénigrer les ministres que l'on sollicite sans cesse, et dont on accepte des graces, d'insulter les magistrats qui nous jugent, de manquer de respect au souverain auquel il faut obéir, et devant lequel on se prosternerait, si l'on avait la moindre espérance d'obtenir sa faveur ! Il y a mille fois moins de bassesse dans la flatterie même qui ne se dément point, que dans cette fausse hardiesse pleine d'orgueil, d'inconséquence et de duplicité.

Toutes les ames franches et généreuses, tous les gens de lettres, et tous les artistes distingués, doivent être en harmonie avec la religion et le gouvernement de leur pays. Les discours séditieux, répétés dans des cercles particuliers, et toujours contredits par des hommages publics, les libelles anonymes, toutes ces révoltes clandestines, sont aussi ridicules qu'elles sont odieuses et méprisables. Il faut une loi réprimante à notre imagination qui s'égare si facilement ; il faut que cette loi salutaire nous force de choisir nos idées, de les peser et de les concilier avec la morale publique et les principes du gouvernement. Trop de contrainte est moins contraire, moins funeste aux talens, que trop de liberté; la licence ne saurait être ingénieuse; elle ne cherche point de tournure, elle ne veut point de voiles, les idées délicates ne peuvent s'allier avec elle; la finesse ne lui étant jamais nécessaire, n'est pour elle qu'un jeu d'esprit et que de la subtilité; de là l'afféterie. Pour couvrir la grossièreté de la licence, on ne manque pas de prétendre à la chaleur, à l'énergie; de là l'emphase, l'exagération, l'extravagance : et la critique, faite pour éclairer, pour instruire, la critique, qui peut être si utile aux gens de lettres et aux artistes, que devient-elle au milieu de cette triste anarchie où tous les freins sont rompus, et toutes les règles de bienséance méprisées? Qu'est-ce que la critique sans goût, sans politesse et sans impartialité? Nous devons le savoir.... Elle se réduit, depuis long-temps, à deux choses : la première et la plus importante, c'est de déchirer ceux qu'on n'aime pas, ou par une éternelle ironie bien insultante (figure très-usée depuis Voltaire), ou par des injures très-grossières; la seconde est de louer ses amis et ses partisans avec l'exagération la plus ridicule. On a tellement prodigué les satires sanglantes et les couronnes, qu'il n'y a plus, dans la carrière des lettres et des arts, ni revers humilians, ni gloire. L'injustice, l'intrigue et la flatterie, ont profané les lauriers des muses, et l'émulation est éteinte ; mais tout annonce qu'elle va renaître avec la religion, l'ordre, la raison et la morale. Que ne devra-t-on pas au génie régénérateur qui aura produit une telle révolution !.....

Ce fut vers la fin de la régence dont nous venons de parler, que commença à se former l'école licencieuse et maniérée de Boucher. Ce peintre, qui était né avec beaucoup de talent, fit un mauvais usage de ce don de la nature, et le profaner, c'est le perdre. Un goût faux, mesquin, petit, déshonore tous ses ouvrages. Il ne peignit que des têtes de courtisanes ; il ne fit que des paysages sans perspective, et par conséquent sans noblesse ; il gâta l'art, parce qu'il était facile de l'imiter. Tous les arts avilis ou dénaturés se confondirent : on n'employa plus, pour les désigner ou pour les louer, que les mêmes expressions ; des gens de lettres qui ne les avaient jamais cultivés s'érigèrent en amateurs éclairés, et, par leurs dissertations dépourvues de connaissances et de goût, achevèrent de tout brouiller. Les artistes devinrent de beaux esprits ; ils n'aspirèrent plus qu'à mettre de l'esprit dans leurs compositions ; ils n'étudièrent plus l'expression des passions qu'au théâtre ; ils n'eurent plus pour guides que des écrivains *philosophes*, et pour modèles, que des comédiens. On ne peut se rappeler cette décadence des arts, sans rendre hommage à l'artiste célèbre qui les a relevés. M. Vien acquit, en Italie,

ce goût pur qui le distingue, et par ses propres talens, et par ceux de ses élèves : il a été en France
le restaurateur de la peinture.

On a vu, en Prusse, que l'influence d'un roi
philosophe n'est nullement favorable aux beaux
arts. Frédéric le Grand aima passionnément la
littérature ; il la cultiva lui-même ; il acheta des
tableaux, des statues (1) ; il bâtit une vaste bibliothèque ; mais ce monument est, sous tous
les rapports, de l'architecture la plus défectueuse.
Aucun artiste de génie n'a fleuri sous ce règne, et
les principes trop connus du souverain ont arrêté
les progrès de la littérature allemande. Le poids
funeste qu'y donnait le double éclat du trône et
du génie militaire d'un prince si célèbre, les ré-
pandit dans une grande partie de l'Allemagne.
Qu'en est-il résulté ? des ouvrages de métaphy-
sique, qui seraient très-dangereux s'ils n'étaient
pas heureusement tellement inintelligibles, que
leur profonde obscurité a résisté jusqu'ici à tous
les commentaires et à toutes les interprétations des
plus zélés traducteurs. On en devine à peu près
l'intention, et ce serait beaucoup trop encore, si
de semblables énigmes pouvaient trouver des lecteurs. (2)

---

(1) Entres autres, la belle statue de Vénus, par Coustou,
à laquelle il ne manque que le mérite auquel rien ne peut
suppléer, celui d'avoir deux mille ans de plus.

(2) On ne met point au rang des littérateurs de ce règne

Sous des princes qui ont voulu que la religion fût respectée, et sur-tout sous le sage et vertueux souverain qui règne maintenant en Prusse, plusieurs gens de lettres et des artistes distingués ont déployé les talens les plus estimables.

En quel état étaient en France les lettres et les arts, durant le règne affreux de l'impiété?.... Mais par-tout où je vois la religion triomphante, et par conséquent ses ministres honorés, je vois briller les lettres et les arts; c'est que le goût, la délicatesse et l'élévation du génie ne peuvent se trouver qu'avec la saine morale et la vérité : aussi les philosophes modernes, en affectant un grand enthousiasme pour les arts, en ont parlé sans aucun discernement. La religion honore plus les arts que ces vaines déclamations, puisqu'elle les emploie tous dans son culte : elle fait mieux que les louer, elle les consacre.

C'est avec justice et raison que l'on met une extrême différence entre les artistes, suivant leur genre. Le grand peintre qui consacre son art à représenter des actions héroïques et vertueuses, mérite toutes les couronnes de la gloire; mais celui qui a dévoué son talent à décorer les cabinets de

---

un petit nombre de gens de lettres très-estimables, d'origine française, qui n'ont écrit qu'en français, qui n'ont jamais adopté les maximes de la philosophie nouvelle, entre autres, le sage et savant traducteur d'Homère, que la France doit s'honorer de compter parmi ses littérateurs.

certains curieux et les maisons des courtisanes par des peintures efféminées et voluptueuses, ou celui qui n'a peint que des ivrognes ou des vendeuses de choux, quel que soit son pinceau, n'est qu'un artiste coupable ou vulgaire ; on louera sa main, on méprisera son esprit, ses sentimens et son caractère. Il est un goût de grandeur qui, dans les arts, se répand sur tous les sujets, et qui sait imprimer un noble caractère à tous les genres. Le genre historique, le premier de tous, n'exclut point les autres ; les scènes villageoises et celles de la vie commune peuvent avoir une certaine noblesse, par le choix heureux des sujets, et par celui d'une belle nature : c'est ce qu'a prouvé M. Greuze, par ses charmans tableaux. La plupart de ses figures, choisies dans la classe du peuple, n'ont rien d'ignoble, parce qu'elles sont gracieuses ; et la grace est la noblesse de ce genre de tableaux. Le paysage même peut être traité avec une grande manière. Les paysages du Poussin sont majestueux ; et de nos jours, l'un de nos plus grands paysagistes (M. Robert), a su donner à ses tableaux autant de noblesse que d'effet, d'agrément et de vérité (1); mais on ne peut se dissimuler que, sur la fin du dernier siècle, le goût

---

(1) On ne parle point de Vernet, parce que le genre dans lequel il a excellé ne peut jamais être ignoble : il y a toujours de la grandeur dans la représentation fidelle de la mer et des vaisseaux de guerre, etc.

général était sans grandeur et sans noblesse ; et ce qui le prouve, c'est que les plus beaux tableaux des écoles d'Italie ne se vendaient plus, tandis que les petits tableaux hollandais étaient hors de prix, et les seuls qui fussent recherchés des amateurs les plus célèbres.

Dans un siècle irréligieux, et chez une nation où l'impiété triomphe et domine, les esprits deviennent faux et superficiels, et les arts perdent toute leur dignité. L'homme assez insensé pour échanger les grandes idées de Dieu, d'éternité, de gloire immortelle, contre les idées glaciales de *hasard* et de néant, n'est plus qu'un être frivole, égoïste, sans émulation comme sans espérance, et fait pour ramper sur la terre.

L'un des grands caractères de vérité de la religion est d'élever l'ame et l'esprit. Jamais l'impiété n'a produit un ouvrage, ou seulement une pensée sublime. Tout est majestueux dans la religion ; tout est sec et froid dans l'impiété : il est impossible de combattre la religion avec l'éloquence des orateurs chrétiens qui l'ont défendue ; aussi les impies du plus grand talent n'ont-ils espéré de pouvoir la détruire qu'avec des sarcasmes et des plaisanteries. L'impiété sérieuse n'entraînerait personne ; on ne la prêchera jamais avec le sentiment et le génie qui peuvent seuls exciter l'enthousiasme. Ah ! sans doute la piété doit épurer et perfectionner les beaux arts ! elle leur indique le plus noble but, et les élève à la plus haute dignité ; et quelle influence bienfaisante n'a-t-elle pas sur la littérature! Comment n'augmenterait-elle pas les talens des écrivains qu'elle anime, puisqu'elle préserve de l'inconséquence et des faux systêmes, et qu'elle exalte toutes les vertus? Inspire-t-elle le courage, on s'offre sans crainte à la mort, on la fixe avec sérénité, souvent même avec joie, on supporte les tourmens avec une patience inébranlable. L'humanité, la compassion sont-elles fortifiées par la piété, on traverse les mers, on s'expose à tous les dangers pour être utile à ses semblables, on se charge de leurs chaînes, ou se dévoue, dans un hôpital, aux devoirs les plus pénibles et les plus rebutans. La grandeur d'ame est-elle perfectionnée par la religion, on justifie en secret son ennemi, on le défend, on le sert sans qu'il le sache et sans jamais s'en vanter, on le secourt dans le malheur, on le prévient, on le console, on l'aime. Enfin le désintéressement est-il le fruit d'une éminente piété, on donne tout ce qu'on possède aux pauvres, on se dépouille entièrement. Ce dévouement extraordinaire, cet enthousiasme de vertu et d'humanité, n'est pas seulement commun parmi les parfaits *dévots;* il est universel. Tous regardent le faste, la mollesse et l'ambition, comme des crimes; tous, en se sacrifiant pour les autres, ne croient que remplir un devoir indispensable; car tels sont les préceptes de l'Évangile. Il est bien juste qu'une vertu si utile aux autres nous le soit encore à nous-mêmes, dès

cette vie où le bonheur n'est jamais pur et sans mélange, tandis que le malheur y peut être complet
et sans espoir comme sans ressource. Sans la piété,
que devient l'être opprimé, flétri, découragé par
une longue suite de revers et d'injustices? que de-
vient-il alors, s'il est à la fois isolé, abandonné,
méconnu? Mais si la religion l'éclaire, il supporte
ses maux; si elle l'enflamme, il les bénit (1).

----

(1) Qu'il est inhumain, qu'il est insensé de vouloir arracher aux hommes un tel sentiment !.... Le mot *dévotion*
signifie dévouement, *dévot* signifiant *dévoué à Dieu*. Un
ennemi de la religion, Voltaire, prétend que le titre de *dévot* n'appartient et ne devrait être donné qu'à ceux qui se
consacrent à Dieu par des vœux, tels que les moines et les
religieuses ; mais on est parfaitement *dévoué à Dieu*, et
sur le trône et dans une chaumière, lorsqu'on se soumet,
sans murmure à toutes ses volontés, qu'on lui rapporte
ses actions, que l'on obéit à ses commandemens, et qu'on
le sert avec zèle et fidélité. Il n'existe pas une vertu, soit
éminemment utile, soit sublime ou seulement aimable, que
le vice n'ait tâché de tourner en ridicule. La bonté même
que nous implorons tous, et qu'il nous est si nécessaire de
trouver dans les autres, la bonté n'a pu échapper aux sarcasmes des méchans. Le titre de *bon homme* est devenu presqu'universellement une épithète de mépris. Il n'est donc pas
étonnant que la dévotion soit exposée à la dérision des impies : on a même joint la calomnie à l'insulte ; on a répété
qu'il *faut se défier des dévots ;* on affecte de penser que
tous les dévots sont des hypocrites ; on peut cependant croire
à la sincérité de ceux qui ne sont ni intrigans, ni ambi-

17

Qu'elles sont belles et sublimes pour l'infortuné, ces paroles de l'Évangile : *Bienheureux sont ceux qui pleurent, parce qu'ils seront consolés !*

La philosophie ne pouvant offrir le moindre secours dans les maux extrêmes, tolère ou conseille le suicide : alors, en effet, dans son système, elle ne pourrait en faire un crime sans inconséquence; mais si le philosophe, parvenu au dernier excès du malheur, n'a pas la force de se tuer, quelle sera son existence? Voici un aveu qui est échappé à l'impiété même.

« Quand la croyance d'un Dieu n'aurait retenu « que quelques hommes sur le bord du crime, « quand cette opinion n'aurait prévenu que dix as-« sassinats, dix calomnies, dix jugemens iniques « sur la terre, je tiens que la terre entière doit « l'embrasser (1). » Le dieu des philosophes, qui ne punit ni ne récompense, qui ne veut ni culte, ni prières, ne peut avoir la moindre influence sur la conduite de ses sectateurs, qui n'ont aucun intérêt à penser à lui; ce dieu, comme on sait, ne retient point *sur le bord du crime;* il n'empêche ni de calomnier, ni de rendre des jugemens ini-

---

tieux, ni vindicatifs. Au reste, jamais l'hypocrisie n'a dû être plus rare que de nos jours. Depuis plus de trente ans, se montrer religieux, n'était pas un moyen de réussir ou d'acquérir des partisans et de la considération.

(1) Voltaire.

ques; mais le vrai Dieu, le Dieu des chrétieus, menace, épouvante les coupables; il promet un prix au repentir, ainsi qu'à la vertu; il console l'infortuné.... Voilà une croyance utile; voilà celle que le seul intérêt de l'humanité aurait pu rendre respectable : enfin, on ne saurait nier que les maximes de l'Évangile ont prévenu plus de *dix crimes,* ont fait faire plus de *dix actions* charitables, depuis près de deux mille ans. Pourquoi donc le chef des philosophes ne desirait-il pas que *la terre entière embrassât* une croyance si salutaire ?.... Écoutons les raisons des philosophes. Il faut détruire la religion, 1° parce qu'un roi faible et cruel ordonna, il y a près de trois cents ans, un massacre que la religion condamna plus encore que ne pouvaient le faire la raison et l'humanité ; 2° parce que la religion rétrécit l'esprit ; ce qui est prouvé par les ouvrages de Bossuet, de Pascal, de Fénélon, de Massillon, de Corneille, de Racine, de Jean-Baptiste Rousseau, du Dante, du Tasse, de Milton, de Newton, d'Addisson, de Léibnitz, d'Euler, de Klopstock, etc. (1), car tous ces *pe-*

---

(1) *Klopstock,* auteur de la *Messiade,* le plus beau poème de la littérature allemande ; *Euler,* le plus grand géomètre de l'Allemagne, mort peu de temps avant la révolution. Cet illustre savant méprisa toujours les nouvelles doctrines; il conserva ses principes religieux jusqu'à la fin de ses jours. Ses lettres à une princesse d'Allemagne ont été

tits esprits croyaient fermement à la religion chrétienne ; 3º parce que tous les prêtres n'ont fait que du mal, et ont toujours été les fléaux de l'humanité. Il y a eu quelques mauvais prêtres, comme il y a eu quelques mauvais rois et quelques juges iniques. Aurait-on l'inconcevable folie d'en conclure qu'il faut abolir toutes les lois et renverser tous les trônes ? La philosophie a répondu à cette question en 1793.... 4º Parce que les hommes ne peuvent être bons et paisibles que lorsqu'il n'y aura plus de religion et de prêtres, et que les peuples seront gouvernés par des athées, comme

---

traduites dans toutes les langues. On les traduisit en français, il y a vingt-cinq ou vingt-six ans ; mais elles déplurent beaucoup aux philosophes, parce que dans cet ouvrage l'auteur appuie toujours la science sur la base inébranlable de la religion. Peu d'années après, M. de Condorcet en fit une nouvelle édition, annonçant dans une Préface qu'il supprimerait *quelques longueurs*, et ces longueurs étaient tous les morceaux religieux qui, loin d'être des *longueurs*, servaient essentiellement à l'enchaînement de preuves établies par l'auteur ; de sorte que cette nouvelle édition, ainsi tronquée, offre plusieurs passages qui manquent non seulement de liaison, mais de sens. C'est un fait que l'on peut vérifier, en confrontant l'ancienne édition avec l'édition philosophique, ou en confrontant cette dernière édition avec l'ouvrage original. Cette petite ruse philosophique, qu'on a si souvent employée, a causé en Allemagne un véritable scandale, même à ceux qui sont le moins attachés à la religion.

l'expérience l'a démontré en France durant quelques années....; 5° parce que la religion est ennemie des arts, qu'elle s'oppose à leurs progrès, et que la mythologie offre des images riantes qu'on ne trouve point dans la Bible. Voilà les solides raisonnemens qui, pendant plus d'un demi-siècle, ont formé le fond de tous ces ouvrages fameux qui séduisirent tant d'esprits superficiels, et même tant d'esprits distingués, qui renoncèrent à leurs lumières naturelles, pour se livrer au plus funeste enthousiasme; voilà ce qu'on a répété de toutes les manières et sous toutes les formes pendant soixante ans, dans les cercles les plus brillans, dans de petites poésies, dans des brochures légères et dans de lourds in-folio. On n'est pas étonné que la chaleur de l'exagération soit entraînante, du moins alors les censures et les déclamations ont un fonds de vérité et une sorte de fondement; mais il est inconcevable qu'on se laisse persuader par des mensonges positifs, et que l'on adopte des opinions dont les faits les plus incontestables démontrent l'entière fausseté. Il est inoui qu'un homme dont tout le monde méprisait le caractère, ait persuadé à la nation la plus spirituelle de l'univers, que la religion nuit *à la bonté*, à la morale, aux arts, et que les prêtres n'ont été que des êtres inutiles et malfaisans; et tandis que nous étions entourés de tous les bienfaits de la religion, quand elle instruisait les peuples des villes et des campagnes, quand ses leçons sublimes retentissaient dans tous nos temples, quand l'hospitalité la plus généreuse n'était exercée que dans des monastères, quand la jeunesse de toutes les classes devait aux prêtres une excellente éducation, quand tous nos hôpitaux étaient desservis par des ecclésiastiques et par des religieuses, quand nous avions sous les yeux les respectables congrégations des religieux missionnaires et des trinitaires, dévoués aussi à passer les mers, pour aller racheter les captifs chrétiens; quand nous savions que c'est la religion qui, parmi nous, abolit l'esclavage (1), quand tous les bibliothécaires de nos grandes bibliothèques étaient des ecclésiastiques, et que toute la gloire de notre littérature est fondée sur les productions immortelles d'auteurs ou prêtres, ou éminemment religieux; quand nous ne pouvions ignorer que, dans toutes les parties de l'Europe, les institutions les plus utiles et les plus touchantes, ont été formées par

---

(1) Il est singulier que les amateurs si passionnés de la liberté aient montré tant d'enthousiasme pour les philosophes anciens, qui tous avaient des esclaves. Qu'était la vertu des païens auprès de la vertu des chrétiens véritablement religieux? C'était la maxime connue de Caton l'ancien (le plus vertueux des Romains), de vendre ses esclaves à vil prix, dès qu'ils vieillissaient, plutôt que de les garder lorsqu'ils devenaient moins utiles.

des prêtres ; que ce sont eux encore qui ont dé-
friché la moitié de la France, et qui ont rendu
les plus grands services aux sciences, aux lettres
et aux arts ; lorsqu'enfin les arts n'ont fleuri avec
éclat, en France, que sous des souverains religieux ; que tous leurs chefs-d'œuvres sont consacrés à la religion, et que dans leur véritable patrie, l'Italie, ils n'ont été, sur-tout depuis plus de
trois siècles, constamment encouragés, protégés,
honorés, que par les papes et par des ecclésiastiques. Qu'elle était incompréhensible, cette dé-
mence qui voulait anéantir une religion si sainte
et si bienfaisante ! Ses insensés persécuteurs n'ont
paru réussir un moment que pour lui préparer
un triomphe éclatant, pour démontrer, par des
faits et par une affreuse expérience, combien elle
est grande, utile et nécessaire. Ce n'est que par
l'exemple et les actions de ses saints et de ses ministres, que l'on sait jusqu'où l'héroïsme de la vertu
peut aller. Pour sentir tout ce qu'on doit à la religion ; supposons que tous ses bienfaits fussent
anéantis, et qu'il n'en restât plus de trace, la misère et l'infortune n'auraient pas un asile ; le peuple n'aurait ni probité, ni mœurs ; les malheureux
seraient privés de la seule espérance et de l'unique
consolation qui puissent, dans les maux extrêmes,
faire supporter la vie. Nul être existant n'aurait
des principes assurés et des vertus solides ; la morale incertaine, sans base et sans autorité, ne se-

rait, pour les uns, qu'une chimère, et pour les autres, qu'un système plein d'obscurités et de contradictions ; la littérature de tous les pays policés serait dépouillée de ses chefs-d'œuvres les plus sublimes et les plus utiles ; les sciences, et sur-tout l'histoire, seraient à peine débrouillées ; une grande partie de la terre, maintenant florissante et civilisée, n'offrirait que de vastes déserts ou des peuplades sauvages et féroces (1) ; les arts perdraient une multitude de monumens qui font leur gloire, et particulièrement la peinture perdrait tout.... : enfin il n'y aurait dans tous les états chrétiens, aucune de ces universités célèbres qui ont formé tant de savans et de grands hommes dans tous les genres....

Voilà les bienfaits publics de la religion ; mais cette religion auguste, qui prescrit l'humilité, qui commande de faire toutes les bonnes œuvres avec mystère, quel bien n'a-t-elle pas dû pro-

---

(1) L'église a consacré la mémoire des plus sages et des plus grands législateurs, de Charlemagne, de saint Louis ; en Espagne, de saint Ferdinand, aussi grand roi qu'il fut vertueux ; de saint Patrice, qui convertit les Irlandais et leur ôta leur férocité ; de plusieurs autres saints qui répandirent la lumière de l'Évangile, et donnèrent des lois dans des îles d'Irlande et d'Écosse, qui s'honorent encore aujourd'hui de porter leurs noms révérés ; de saint Malo, de saint Marin, etc.

duire en secret? Que d'actions, et les plus sublimes, inspirées par elle, sont pour jamais ignorées ! Combien, en se cachant, elle a secouru
d'infortunés ! combien elle a réparé d'erreurs et
prévenu de crimes ! combien elle a vaincu de
passions ! Quelles vertus n'a-t-elle pas exaltées !
quelles consolations n'a-t-elle pas données !....

Trouvera-t-on jamais, dans l'histoire des philosophes et des athées, des traits de bonté, d'humanité, comparables à ceux que présente la vie
des saints? Celui qui n'est guidé que par la seule
humanité, se permet, dans la pratique de la
bienfaisance , de *préférer* , et par conséquent
d'*exclure* à son gré , suivant ses goûts et ses
répugnances ; il choisit ses bonnes actions. Celui que la religion inspire, saisit toutes les occasions qui se présentent de faire le bien ; rien
ne lui répugne, rien n'est au-dessus de son zèle
et de ses forces ; il ne cède point à un instinct
aveugle ; il obéit à des lois positives, indispensables et sacrées ; et même, s'il était forcé de choisir entre deux bonnes actions, il préférerait, sans
hésiter, la plus difficile à faire, la plus pénible,
parce qu'il sait qu'elle est la plus méritoire, et
que d'ailleurs peu de gens s'en chargeraient.

La religion, si bienfaisante, si nécessaire,
est (comme on croit l'avoir prouvé) aussi utile
aux arts qu'à l'humanité. Les arts n'auront
toute la grandeur qu'ils peuvent avoir, que lors-

qu'ils se consacreront à sa gloire. Les artistes qui ont de l'élévation dans l'ame, doivent, pour le seul intérêt de leur art, aimer la religion; l'immortalité n'a jamais été pour eux que dans le temple auguste de la vérité; ils doivent encore plus à la religion que le commun des hommes; ils sont doublement ingrats et doublement absurdes, lorsqu'ils affichent l'impiété, et ce n'est que dans l'étude des livres saints qu'ils prendront le sentiment et le goût de la véritable grandeur.

FIN.

TABLE

DES CHAPITRES.

FIN DE LA TABLE DES CHAPITRES.

OUVRAGES DE Mme DE GENLIS,

QUI SE TROUVENT CHEZ LE MÊME LIBRAIRE.

ADÈLE et THÉODORE, ou Lettres sur l'Éducation, 4e édition, revue, corrigée et augmentée, 3 vol. in-8. 15 l.
— Le même, 4 vol. in-12. 10 l.
ANNALES DE LA VERTU, ou Histoire universelle, iconographique et littéraire, pour servir à l'éducation de la jeunesse, et à l'usage des artistes et des jeunes littérateurs, 3 vol. in-8. 18 l.
— Les mêmes, 5 vol. in-12. 12 l. 10 s.
DISCOURS MORAUX SUR DIVERS SUJETS, et particulièrement sur l'éducation, 1 vol. in-8. 4 l.
— Le même, 1 vol. in-12. 2 l.
DUCHESSE DE LA VALLIÈRE, in-8. 5 l.
— Le même, 2 vol. in-12. 5 l.
HERBIER MORAL, ou Recueil de Fables nouvelles, et autres poésies fugitives, suivies d'un Recueil de Romances d'éducation, in-8. 3 l.
— Le même, 1 vol. in-12. 2 l.
LEÇONS D'UNE GOUVERNANTE, 2 vol. in-8. 10 l.
L'ÉPOUSE IMPERTINENTE PAR AIR, suivie de la Femme philosophe et du Mari corrupteur, 1 vol. in-12. 2 l. 10 s.
MADEMOISELLE DE CLERMONT, nouvelle historique, in-18. 1 l. 4 s.
MÈRES (les) RIVALES, 4 vol. in-8., papier fin. 15 l.
— Les mêmes, 4 vol. in-12. 7 l. 10 s.
MONUMENS (les) RELIGIEUX, 1 vol. in-8.
NOUVELLE MÉTHODE D'ENSEIGNEMENT POUR LA PREMIÈRE EN-FANCE, contenant l'explication de la Méthode pour les Instituteurs, des modèles de composition, etc., 2 parties in-8, brochées en 1 vol. 4 l. 10 s.
— Le même livre, 2 parties in-12, br. en 1 vol. 2 l. 10 s.

Nouveaux contes moraux, et Nouvelles historiques, 2 vol. in-8.   12 l.

— Le même, 3 vol. in-12.   7 l. 10 s.

Nouvelles heures catholiques, à l'usage de l'enfance, 1 vol. in-18.   1 l. 4 s.

Petit La Bruyère, ou Caractères et Mœurs des enfans de ce siècle, nouvelle édition in-12.   2 l. 10 s.

Petits Émigrés, ou Correspondance de quelques enfans, 2 vol. in-8.   8 l.

— Les mêmes, 2 vol. in-12.   5 l.

— Les mèmes, 4 vol. in-18.   4 l.

Philosophie chrétienne, ou Extraits tirés des ouvrages de madame de Genlis, terminés par plusieurs chapitres nouveaux, 1 vol. in-12.   2 l.

Précis de la vie pénitente de madame de la Vallière, suivi de ses Réflexions sur la miséricorde de Dieu, et de quelques Lettres choisies.   2 l.

Souvenirs de Félicie L***, in-12.   2 l. 10 s.

Théatre d'éducation, 5 vol. in-12.   12 l. 10 s.

Théatre de société, 2 vol. in-8.   10 l.

— Le même, 2 vol. in-12.   5 l.

Veillées du Chateau, 2 vol. in-8.   12 l.

— Les mêmes, 3 vol. in-12.   7 l. 10 s.

Vœux téméraires, ou l'Enthousiasme, 2 vol. in-8.   8 l.

— Les mêmes, 3 vol. in-12.   5 l.